9787540266790

U0475546

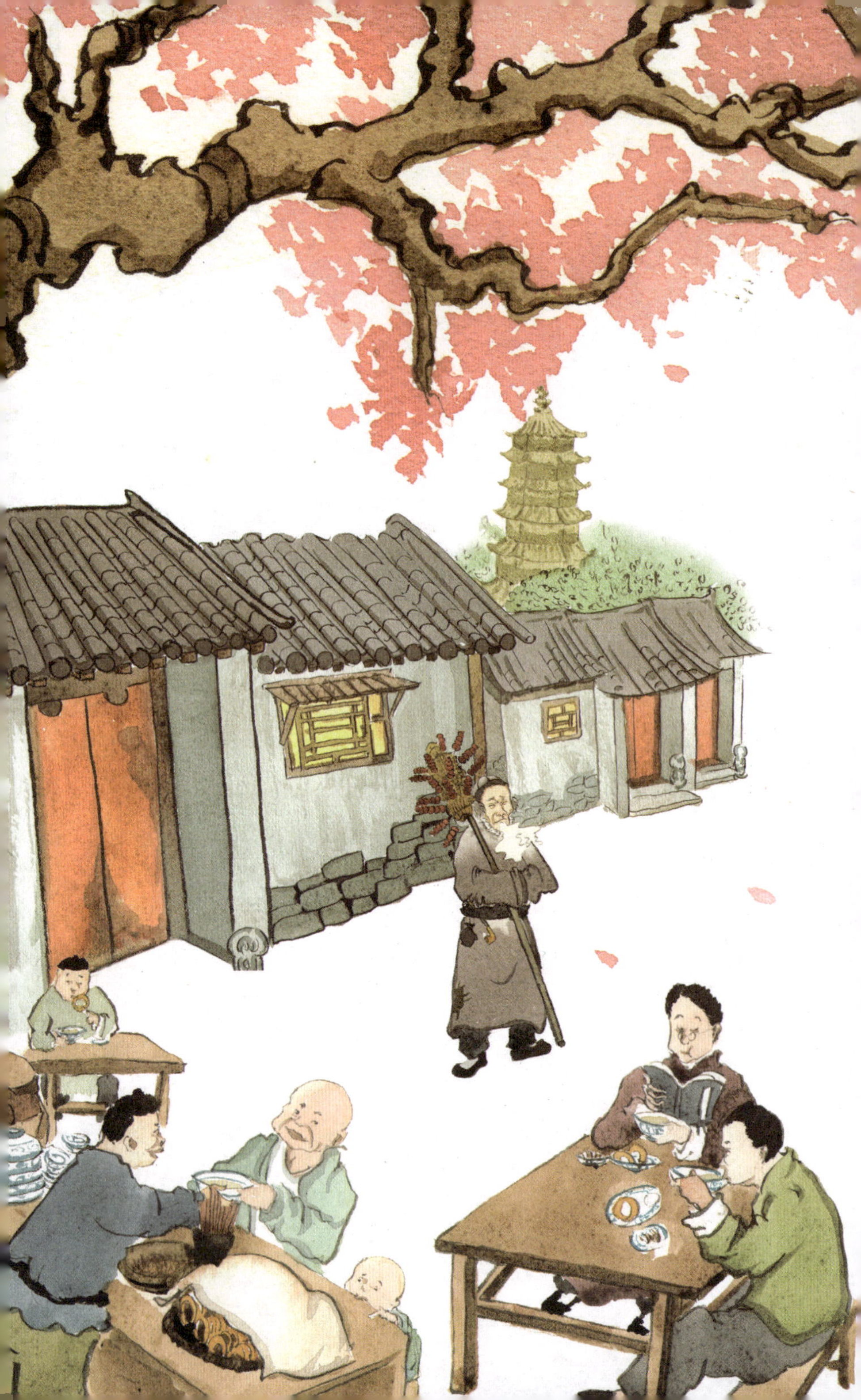

画给孩子的老北京趣闻与传说

· 皇城传说 ·

张卉妍 / 编著

北京燕山出版社
BEIJING YANSHAN PRESS

图书在版编目（CIP）数据

皇城传说 / 张卉妍编著 . -- 北京 : 北京燕山出版社 , 2023.2
（画给孩子的老北京趣闻与传说）
ISBN 978-7-5402-6679-0

Ⅰ . ①皇… Ⅱ . ①张… Ⅲ . ①地方史 – 北京 – 儿童读物 Ⅳ . ① K291-49

中国版本图书馆 CIP 数据核字（2022）第 181025 号

画给孩子的老北京趣闻与传说·皇城传说

编　　著	张卉妍
责任编辑	王长民
助理编辑	赵满仓
封面设计	韩　立
插图绘制	傅　晓
出版发行	北京燕山出版社有限公司
社　　址	北京市西城区椿树街道琉璃厂西街 20 号
邮　　编	100052
电话传真	86-10-65240430（总编室）
印　　刷	河北松源印刷有限公司
开　　本	880mm×1230mm　1/32
字　　数	180 千字
总 印 张	16
版　　次	2023 年 2 月第 1 版
印　　次	2023 年 2 月第 1 次印刷
定　　价	148.00 元（全 4 册）

发 行 部　010-58815874
传　　真　010-58815857

如果发现印装质量问题，影响阅读，请与印刷厂联系调换。

前言

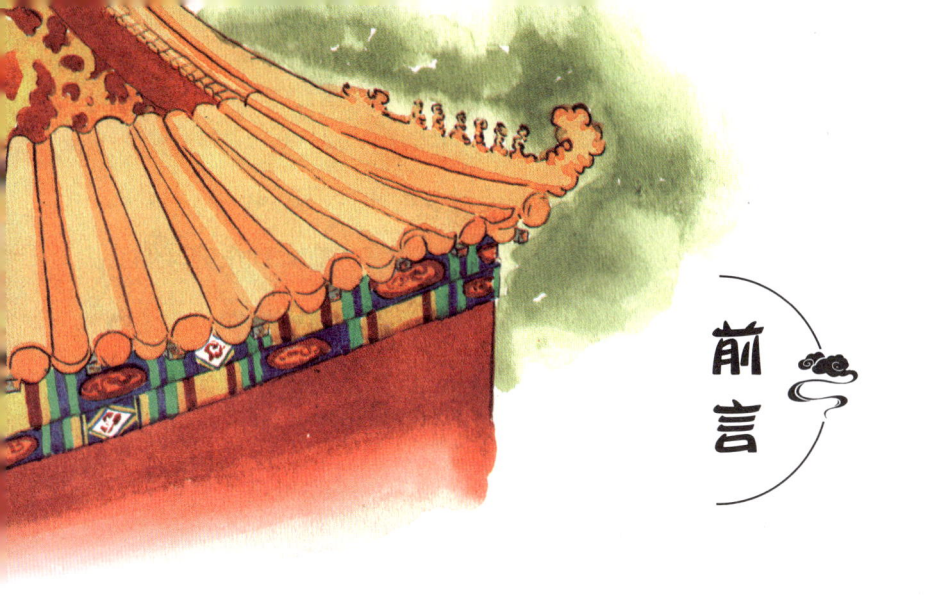

北京是一座有着三千多年历史的文化古城，是六大古都之一。在浩瀚的历史长河中，北京这座城里发生了太多的趣闻，流传着太多的传说。城门牌楼、王府民居、胡同坊巷、塔庙寺院……北京的每寸土地、每个角落几乎都承载着很多关于衣食住行、拼搏奋斗、喜怒哀乐、亲情友情的传奇故事。

北京是一座有故事的城，是一本让人品不够的书，是一座承载传奇的文化宝库——燕、前燕、大燕、辽、金、元、明、清八个朝代的相继定都成就了她历史的厚重；什刹海、大栅栏、王府井、八王坟等地的繁华热闹成就了她的宜居宜玩；颐和园的传说、雍和宫的趣闻、八大处的善缘成就了她的多姿多彩……北京，有太灿烂的文明、太辉煌的历史、太复杂的往事、太丰富的内涵，等着人去发现、欣赏、回味。

在这套书里，我们从老北京的历史典故、地名由来、名胜古迹、皇城内史、风味饮食、民间风俗、商业传奇等方面对老北京的前尘往事进行了详细而有趣的介绍，寓教于乐，力争用朴实、轻松的语言将各种趣闻传说娓娓道来，让孩子们在一种轻松的阅读氛围中，既能对老北京的风土人情有个清晰了解，又能愉悦身心。

我们不得不承认，如今，老北京的很多东西都已经随着岁月的更迭，消逝或者正在消逝，这是无法更改的事实，也是时代的必然：许多胡同正随着高楼大厦的耸立而成片成片地倒下，许多昔日走街串巷吆喝叫卖的"磨剪子嘞，戗菜刀"正悄然没了声响，许多老北京人独特的方言俚语正被新潮的网络语言所代替，许多朴实温暖的婚丧嫁娶习俗正在默默地被简化——这一切满含京味的事物的逐渐消亡，我们在扼腕叹息的同时，也希望能够通过本套书来回味一下曾经的北京。

目录

皇城传说

明朝永乐帝朱棣为何要迁都北京　/02

钟、鼓楼如何上演"暮鼓晨钟"　/05

你知道八旗的来历传说吗　/10

中南海为什么叫"海"　/16

故宫为何又叫"紫禁城"　/20

故宫房间数是"九千九百九十九间半"吗 /23

故宫建筑的主色调为何是黄、红两色 /26

揭秘故宫三大殿 /31

乾清宫"正大光明"匾额知多少 /34

御花园"连理柏"的传说 /38

故宫门槛为何被锯掉了 /40

故宫角楼是根据什么设计的 /45

真有"推出午门斩首"这回事儿吗 /49

故宫东华门的门钉为何是偶数 /52

中国现存最完整的清代王府——恭王府 /56
恭王府花园是"大观园"原型吗 /62
北京恭王府的"福"字为啥被称为"天下第一福" /66
有"北京王府花园之最"之说的王府是哪一座 /71
京城规模最大的王府——礼王府 /76
豫王府的院墙高三尺 /79
豫王府门前一对石狮为什么是"卧狮" /84
怡亲王府为什么被改建为贤良寺 /87

你了解老北京城墙的历史吗 /92

"内九外七皇城四,九门八典 一口钟"是什么意思 /94

哪座城楼被称为北京的"样楼" /98

老北京的城门有哪些 /103

哪个门是北京城的"后门" /110

老北京城五大"镇物"都是什么 /113

皇城传说

故宫博物院

明朝永乐帝朱棣为何要迁都北京

明十三陵位于北京北面昌平区境内天寿山南麓，环葬着明代的十三位皇帝，统称十三陵，是中国帝王陵墓中保存得比较完整的一处遗址。明十三陵中的首陵，是成祖永乐皇帝的长陵。永乐皇帝在执政期间，做了几件大事，如派遣太监郑和下西洋、编纂《永乐大典》等，除此之外他还有一个最大的政绩，那就是迁都北京。

关于明朝的都城，很多人都知道，朱元璋建立明朝的时候是以南京为都城的。在晚年时，朱元璋曾经想过将都城迁往北方，也曾派人去北方考察，但最终没有实施。朱元璋死后，建文帝即了位，但不久后就发生了靖难之役，迁都的问题当然更无从谈起。就这样到了明成祖永乐皇帝统治时期，迁都才又重新列入了议程，并得到了有力实施。

那么，永乐皇帝朱棣为什么那么坚定地将都城迁往北京呢？对此，后世人做过很多分析和研究。有人说：朱棣之所以迁都北京，是因为他做燕王的时候，曾经被封在北平，北平是他的故土，是他的根据地，即位后，在根据地安家是理所当然的啊，不就是为了巩固兴王之地嘛；有人说：朱棣当时面临着北方的威胁，而北京靠近边境地区，如果在北京建都，便于防备北方，所以迁都北京是为了防御北方；有人说：朱棣迁都北京是为了躲避曾经的血雨腥风，我们都知道，朱棣是靠强取豪夺才获得帝位的，在夺取帝位的过程中，他的双手可谓沾满了别人的鲜血，虽然最后获得帝位，但终究内心不安，因这种不安心理，他便动了迁都的打算，来一个

眼不见心不烦，或者叫眼不见心可安。

这三个原因是朱棣的真实原因吗？我们不敢断定，但更权威的原因是下面这个。

朱棣可是个十分聪明的皇帝，他之所坚定地迁都北京，必有其深谋远虑之所在。大家想想，北京是个什么样的地方啊！它可是辽、金两朝的都城。不仅如此，北京还是元朝的首都大都的所在。元朝是一个什么样的朝代？元朝是一个以北京大都为中心，一个横跨欧亚的大帝国，它的版图在中国历史上可是最大的，它不仅仅继承辽、金控制的北京和以北的地区，同时以北京为中心控制了江南、西南、东南广大地区。如此强大的一个国家都选择北京作为都城，这一事实不得不让朱棣有所考虑啊！

从历史来看，朱棣是一个有勇有谋的皇帝。他不甘于平凡，而想做一个千古名帝，想建立一个庞大的帝国，而迁都北京是他实现这一雄才大略的步骤之一。

无论朱棣在建立丰功伟业的过程中，做了多少错事，犯下了多大的罪行，但迁都北京无疑是他的一个壮举，他的这一行为深深地影响了后世，改变了明朝的命运。

钟、鼓楼如何上演"暮鼓晨钟"

说起"暮鼓晨钟"这个词语,很多人都明白其字面的含义,是指佛寺中早晚报时的钟鼓,比喻使人警悟的言语,也形容时光的推移。

然而,你知道"暮鼓晨钟"与北京城的钟楼、鼓楼有很大关系吗?你了解北京钟楼、鼓楼在古代是如何上演"暮鼓晨钟"报时的吗?

提起"暮鼓晨钟",不得不提钟楼和鼓楼。钟楼和鼓楼是北京古代的报时中心,位于北京中轴线的北部终点,是一前一后两座高耸的建筑物。

钟楼、鼓楼,建于元代,在历史上经历了几次反复的修建。

钟楼,楼通高47.9米,楼上悬挂着一口铸有"永乐年月吉日制"印记的特大铜钟,该铜钟高5.55米、直径3.4米、厚120～245毫米、重约63吨,乃中国古钟之最。鼓楼,原来的名字叫作齐政楼,位于钟楼的南

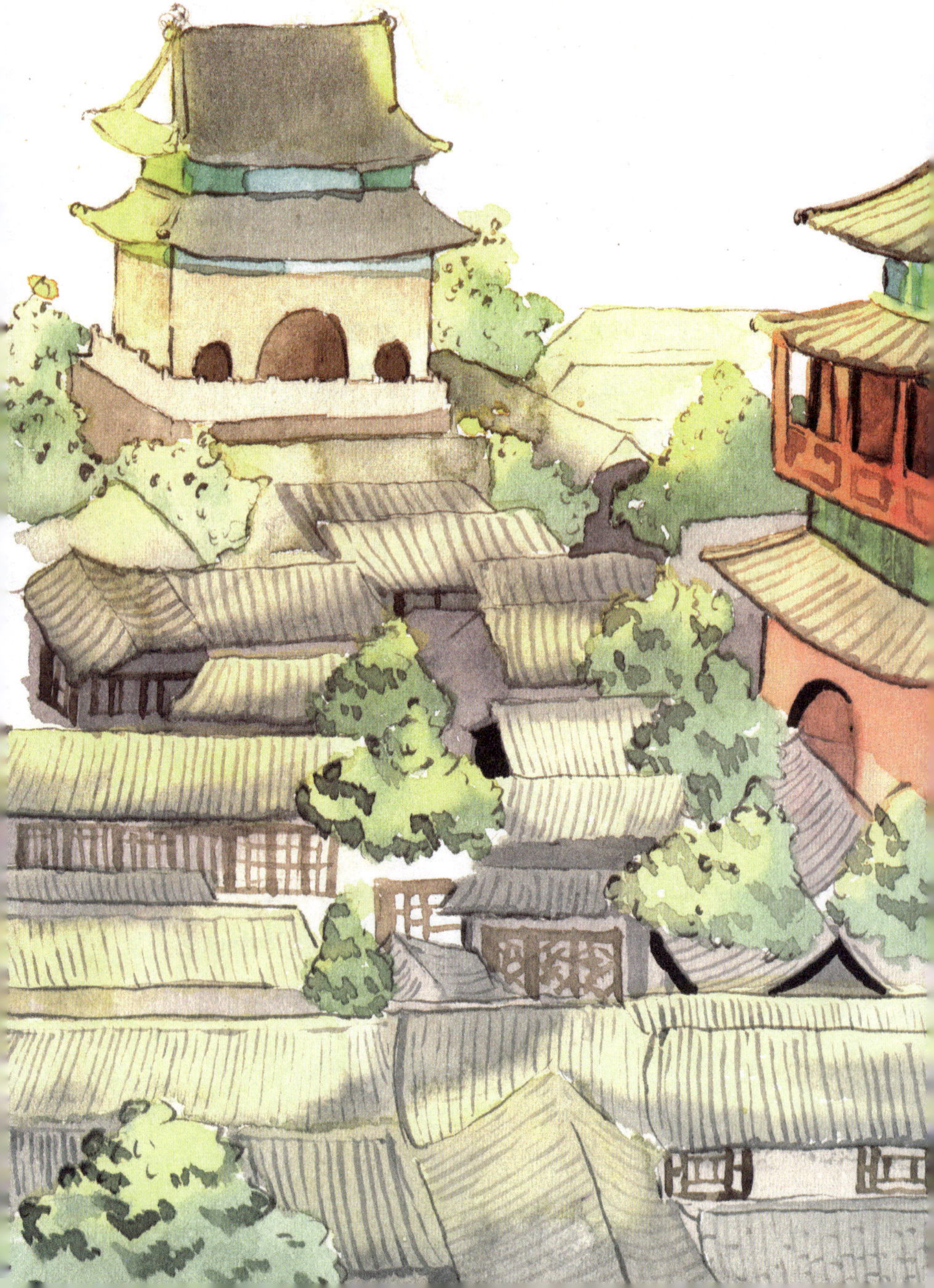

面，与之相距约百米。鼓楼位于元大都的中心，但元末明初毁于战火。如今我们所见的鼓楼，建

于明代永乐十八年（1420年），是在旧址东面重建的。鼓楼的台基高达4米，台上横列5间房屋，楼高达46.7米。在楼顶，原置有象征二十四节气的大鼓24面，现仅存一面。鼓高2.22米、直径1.40米，上有刀痕一处，是八国联军以刺刀刺破的，因为此鼓巨大，无法劫走，所以才保留至今。在元、明、清三朝，钟楼、鼓楼都是作为古都的报时中心，每日始于暮鼓，止于晨钟。文武百官上朝以及老百姓的生息劳作都是以此为度。

具体来说，钟楼和鼓楼是如何报时的呢？

这要从中国古代计时方式说起。按照古时候的习惯，一夜被划分为五更，每更等于一个时辰，即相当于现在的两个小时。19时称为定更，又称起更；21时称为二更；23时称为三更，我们老百姓常说的"三更半夜"，指的就是这个时辰；1时称为四更；3时称为五更；5时称为亮更，也就是天亮的意思。

钟楼和鼓楼专门负责定更、报时。每到定更就先击鼓，后撞钟，向老百姓说明该到睡觉的时间了；从二更到五更，只撞钟不击鼓，以免影响了老百姓的休息。到了亮更，则先击鼓后撞钟，告诉老百姓天亮了，该起床了。

击鼓和撞钟也是有定式的,怎么样击鼓呢?先快击 18 响,再慢击 18 响,俗称"紧 18、慢 18",快慢相间共击 6 次,总计 108 响。撞钟的方法和击鼓的方法一样。

也许有人会问,鼓手们是如何知道时间的呢?在清朝以前,鼓手们一般是根据铜刻漏计时,然后击鼓定更,钟楼听到鼓声后撞钟报时。清朝以后,鼓手们则是根据时辰香定时了。这便是古代报时的一个简单的流程。

鼓楼击鼓定更,钟楼撞钟报时,在没有钟表计时的古代,钟鼓声对老北京人的起居劳作起着相当重要的作用,因此人们常说"暮鼓晨钟"。

如今,随着科技的发展,各种钟表随处可见,人们已经不再需要击鼓撞钟来报时了,但"暮鼓晨钟"已经成为老北京城文化的一部分。2001 年岁末的午夜 11 时 57 分,北京鼓楼沉寂了近百年的群鼓再度被敲响——25 位年轻鼓手表演了《二十四节令鼓之冬》的乐章,鼓声持续 3 分钟,到 2002 年元旦 0 时结束。而且,从 2002 年元旦开始,鼓楼正式对外开放,每天都会象征性地击鼓四次,每次 15 分钟,成为京城著名的一景。

你知道八旗的来历传说吗

八旗是清太祖努尔哈赤独创的一种"军政合一""寓兵于民"的组织，遇有征伐，抽调旗下甲士组成军队，即通常所说的八旗兵。

关于八旗的来历，历来有很多传说。其中最有名的当属"从龙入关"的故事。

"从龙入关"故事里的"龙"说的是龙王的八个儿子，即八小龙。

在"入关"前，这八条小龙整日在家无所事事，相互争斗、吵闹不止。天上的玉皇大帝得知他们之间的争执后，就想派活儿给他们，以免他们闲得老是生事。于是，他叫来一个仙人说："人间有人不断地向我告状说，如今太阳和月亮总是不自主地缠在一起，这样整天都是白天，很久都见不到一次黑夜。人间的老百姓们因此生活得很艰苦，日头太毒，天气闷热，他们吃也吃不好、睡也睡不好，有的甚至因此而生了病。更惨的是，老百姓们赖以生存的庄稼都长不好了。我得赶紧想个法

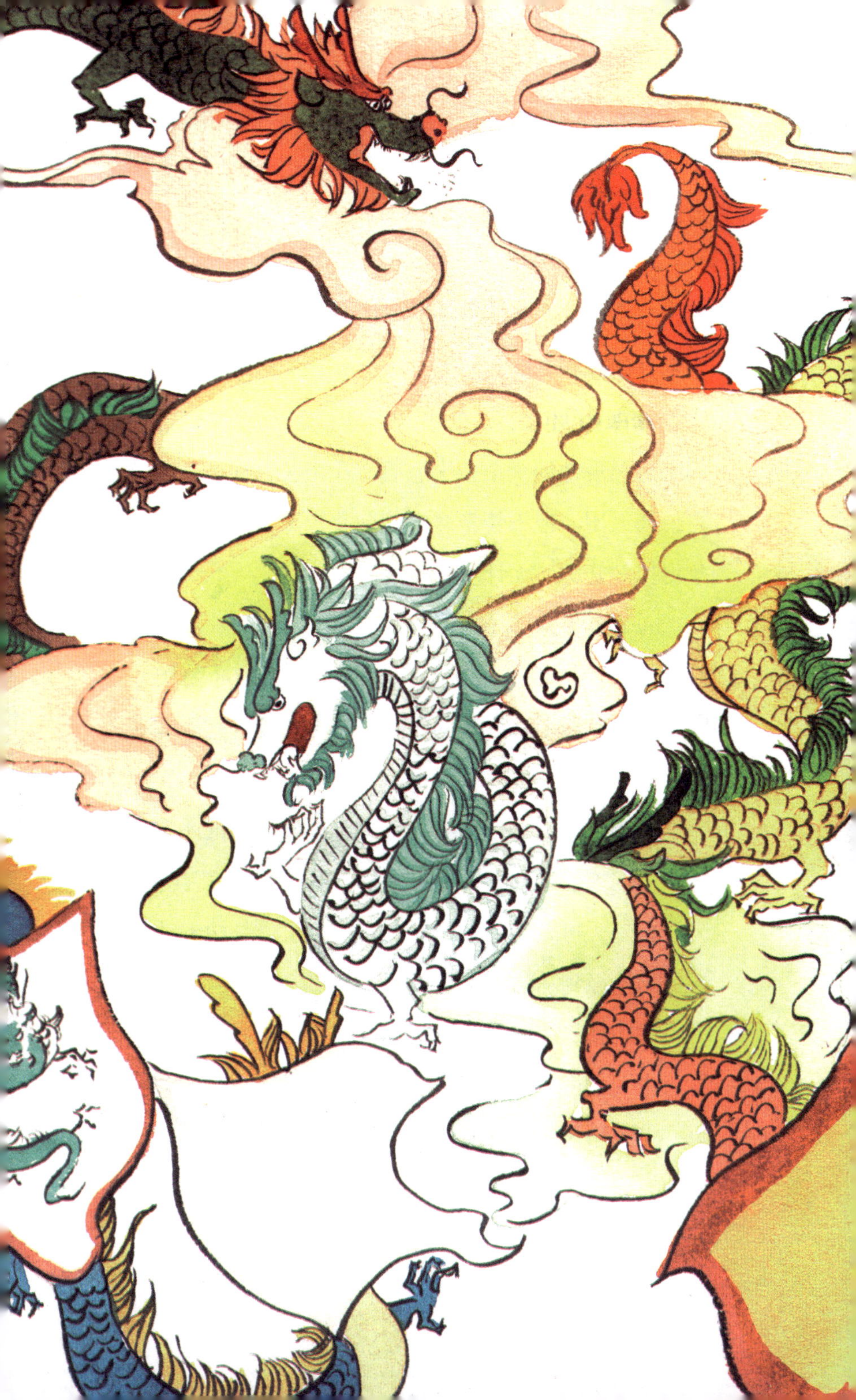

子，让太阳和月亮分开。这样吧，你把那爱闹的八条小龙叫来，我有事吩咐他们去做。"

仙人遵照玉皇大帝的谕旨，把八条小龙都叫到了天上。玉皇大帝对八条小龙说："你们中谁若能把天上的太阳和月亮分开，就算立了大功，我会重重地犒赏他！"

八条小龙听了，都想立大功，领命后就赶紧忙活起来。只见他们个个争先恐后，这个来，那个去，搬月亮，挪太阳。但不管费多大的劲儿，怎么也搬不动，都急得抓耳挠腮，无计可施。

正在他们发愁的时候，他们的父亲龙王来到了他们面前，斥责道："亏你们每天有那么大的心劲相互吵闹，如今花费了这么长的时间，怎么还没有完成玉皇大帝交给你们的任务？"

八条小龙个个争辩着说："都怪那太阳和月亮太重了。我们连吃奶的劲都使出来了，整天都跟着月亮和太阳后面追，可就是追不上。有时追上了也是搬不动，还被他们给撞到一边去了。"

龙王问："你们是怎么去的？"

小龙们回答说："我们是一个接一个轮流去的。"

龙王听了大怒，呵斥他们说："你们真是一群笨蛋，连人间的老百姓都赶不上,老百姓都知道'人心齐泰山移'的道理呢!你们一个一个地轮流追,追到猴年马月也完成不了任务哇!如果你们团结起来,大家一起追,不就可以了嘛!"

小龙们听了父亲的话,个个愧疚不止。他们当即表示大家一起努力共同完成任务。于是他们重新回到了天上,相互结合在一起,排成汉字的"金"字,"金"字也正好八画,实际上就是八条小龙组合而成。两个龙头合在一起,变成了金字头上的尖。他们齐心协力,像个楔子,在太阳和月亮之间一拱,就真的把太阳和月亮给拱开了。太阳和月亮分开后,由于太阳跑得快,很快就跑到前面去了,而月亮跑得慢,就落在了太阳后面,从此以后天天追着太阳跑。

这八条小龙完成任务后,都非常高兴,但也累得筋疲力尽,纷纷朝地上掉下去。就在这个时候,突然刮起了一阵奇妙的大风。也不知从哪儿刮来了八块颜色不同的大布落在了地上,这八条小龙正巧各自落在其中的一块布上,更加奇怪的是,它们竟然还长在了那些布上面。

后来,后金国将这八块带有龙图案的布当成了旗标,由于八条龙和八块布的颜色不同,所以才有了不同的旗色：白色的小龙落在黄布上，就变成后来的正黄旗；蓝色的小龙落在白布上，就变成后来的正白旗；黄色的小龙落在红布上，就变成后来的正红旗；树皮色的小龙落在蓝布上，就变成后来的正蓝旗。一条小龙，虽然落在了黄布上，但由于黄布外边镶上了一条红边，所以就叫镶黄旗；一条小龙，虽然也落到了白布上，但白布外边镶上了一条红边，所以就叫镶白旗；一条小龙虽然也落到了红布上，但由于红布外边镶了一条白边，

所以就叫镶红旗；另外一条小龙也落在蓝布上，也是由于外边镶了一条红边，所以叫镶蓝旗。这就是"八旗"的来历的传说。

中南海为什么叫"海"

沿着西单往天安门城楼方向走,在长安街的路北,你会发现有堵数百米长、六米多高的红墙,掩映在一排绿树和红灯笼下,显得厚重而沧桑。红墙外,不断有路人以红墙为背景拍照留念。红墙内,就是名扬中外的中南海。

说起中南海的名称由来,还挺有意思。大家都知道,北京是个内陆城市,这样一个非沿海城市中为什么会有"海"呢?是老北京人故弄玄虚,还是另有他因?原来这与蒙古人有很大关系。中南海的这个"海"字,就出自蒙古人之口。在蒙古语中,"海"是"海子"的简称,是湖泊的意思。中南海这个地盘处于北京的中南方位,有中海和南海,风景秀丽、安静怡人,所以人们把这一带区域合称为中南海。

据有关史料记载,中南海这片宫廷建筑群始建于辽金时代,经历了几百年的历史。

辽以前,这里曾是一处天然湖泊,风景非常美。辽国建立后,便在这处湖泊上兴建了瑶屿行宫。

后来，金国将辽国取而代之。1153年，金王朝正式迁都燕京，也就是今天的北京城。这里开始成为皇帝的离宫，金王朝在此修建了不少宫殿、园苑，所以被称为"西苑太液池"。

元朝建立后，修建了元大都，将此处纳入了皇城之中，并在它的周围修建了三组宫殿，即大内、隆福宫和兴圣宫。

中南海的建筑群最终定型于明朝。明朝定都北京后，便开始修建新的皇宫——紫禁城。原来环水而筑的金元皇宫，则改称为"西苑""西海子"，作为皇帝的避暑行宫。明世宗时，又在"西海子"上建造起南北两座汉白玉桥，南面蜈蚣桥之南为"南海"，北面的金鳌玉蛛桥之北为"北海"，两桥之间的狭长水面为"中海"。

清朝时期，对中海、南海、北海进行了拓建，大多建筑物属于清代所建，中南海被列为皇家专用的禁苑。康熙皇帝时，中南海逐渐成为清王朝的政治中心，并且每年都要在这里举行许多盛大的活动。

就这样，经过辽、金、元、明、清五个王朝七百多年的精心营建，西苑三海集山、海、岛、桥、亭、阁、廊、榭、宫阙于一园，成为真正的人间仙境了。

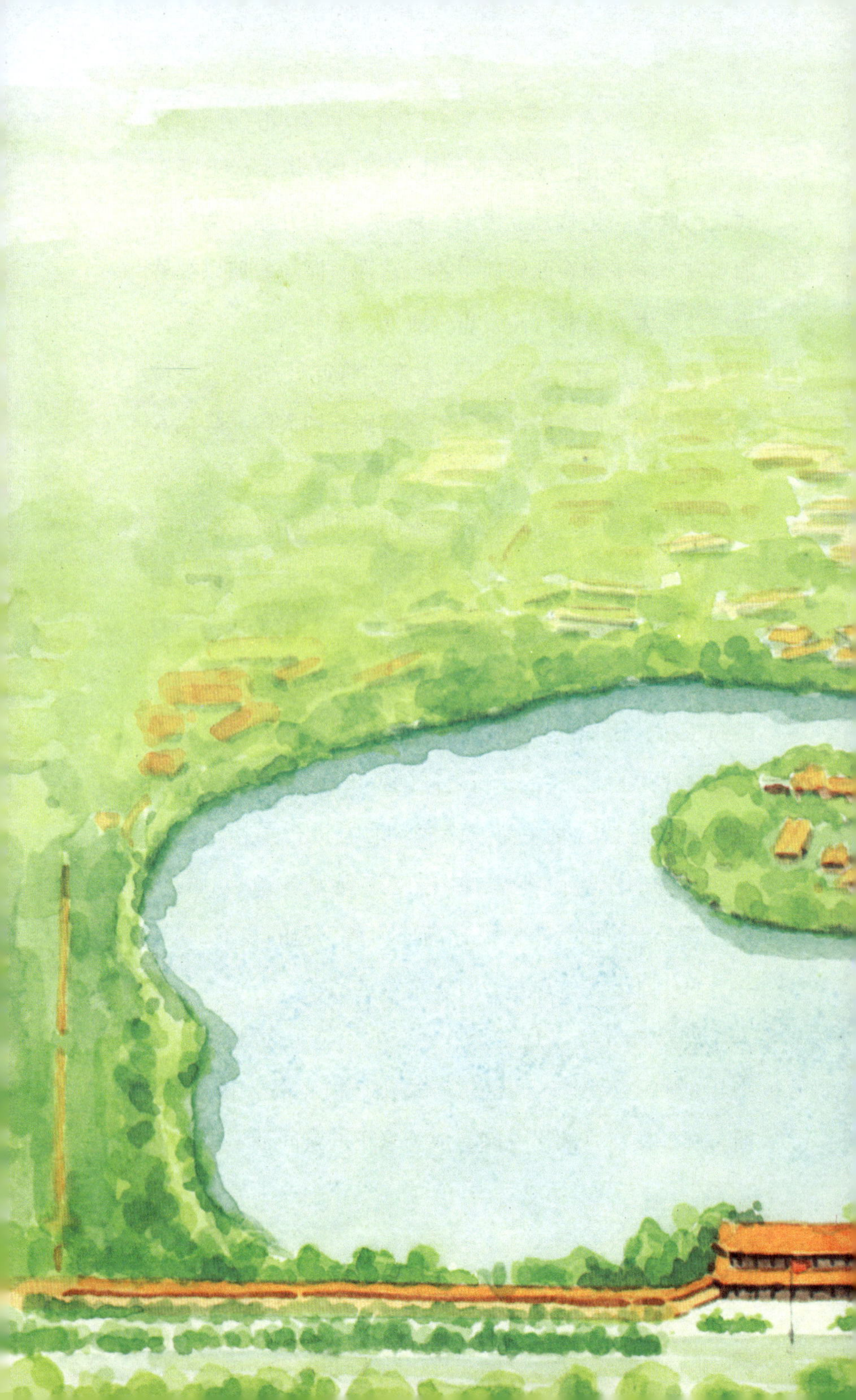

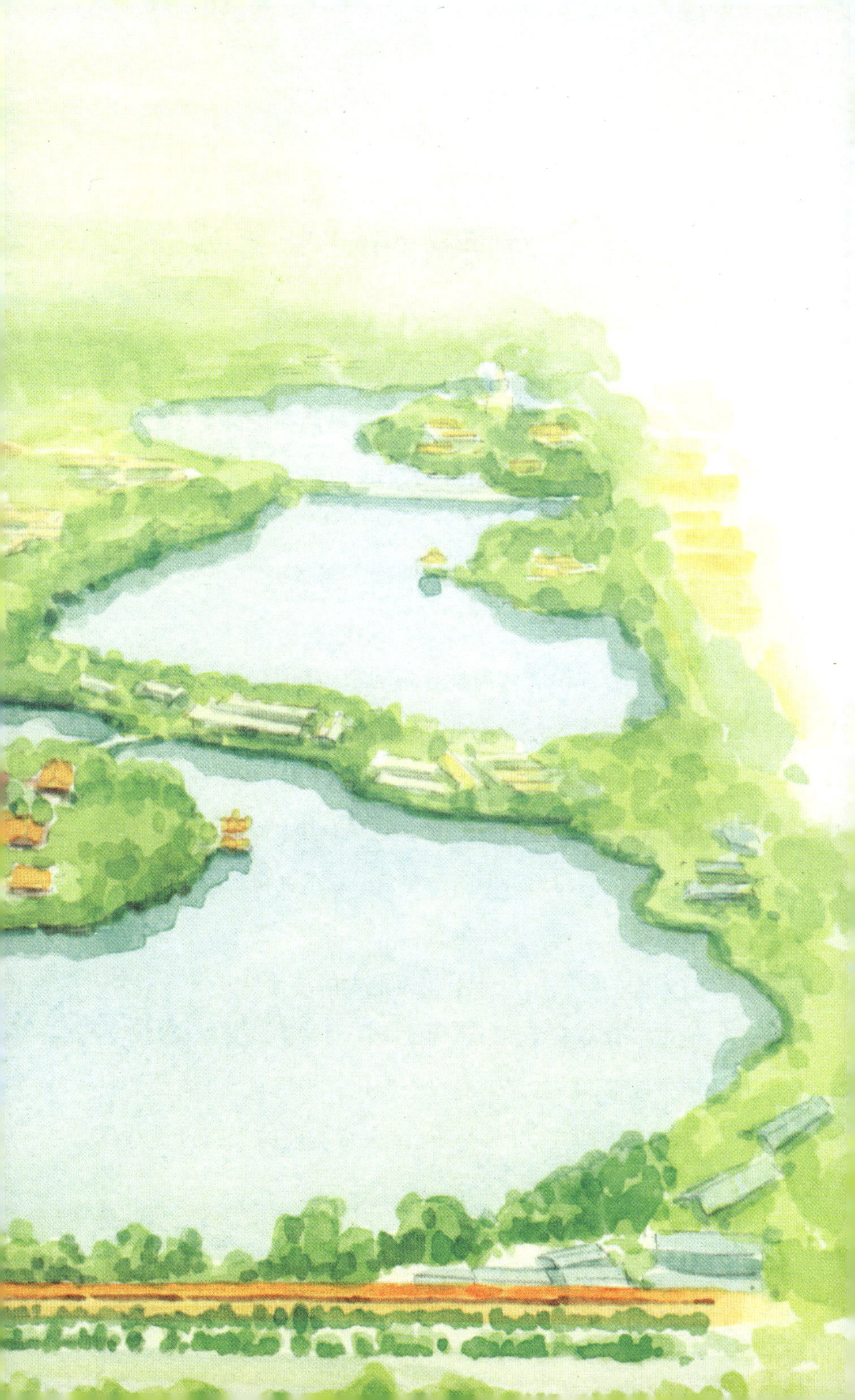

故宫为何又叫"紫禁城"

作为现存最重要的皇家宫殿之一的故宫,在古时候是明清两朝国家权力的中心,是两朝皇帝及其家眷的家园,如今更成为举世闻名的游览胜地。

殊不知,今天我们所称的"故宫",并非她原来的名字。在明清时期,她被叫作"紫禁城"。为何被改成"故宫"了呢?

第一种说法认为紫禁城的来历与天上的星星有关。中国古代天文学家曾把天上的恒星分为三垣、二十八宿和其他星座。其中三垣包括太微垣、紫微垣和天市垣。而紫微垣位于三垣的中央,位置永恒不变,非常突出,太微垣和天市垣陪设在紫微垣的两侧,愈加显得紫微垣耀眼夺目,因此也有"紫微正中"的说法。而在当时人们的心目中,天上权力最大的统治者是玉皇大帝,他主宰着整个天界,法力无限。而紫微垣又处于天界的中央地带,位置又一直没有变化,于是便成了古人心目中天宫的所在。因此,玉皇大帝居住的天宫也被称作

"紫宫"。

而古代的皇帝都喜欢把自己称为"上天之子",即"天子",既然"天父"在天上住的是"紫宫",那么,儿子在人间的住所也应该可以称为"紫宫"。除此之外,皇帝居住的地方,四周一般警戒森严,有严格的宫禁,非寻常百姓可以随便出入,否则就是"犯禁"。于是,"紫宫"也就成了一座"禁城"。将"紫宫"和"禁城"

合起来称呼，就是今天我们所说的"紫禁城"。

第二种说法认为紫禁城的来历与古时候"紫气东来"的典故有关。相传古代伟大的思想家老子，在一次外出路过函谷关的时候，有一股紫气从东方飘来。这个情形被一个守关人看到，他觉着能够吸引来紫气的人必定是个大圣人。于是，守关人便请老子撰写了著名的《道德经》，影响了后世。从此，紫气被后世人看作是吉祥的象征，预示着圣贤和宝物的出现。唐代诗人杜甫在他的代表作《秋兴八首》中曾写道："西望瑶池降王母，东来紫气满函关。"从此以后，后世人把祥瑞之气称为紫云，把传说中仙人的居住地称为紫海，把神仙饮的水称为紫泉，把城郊外的小路称为紫陌。由此可知，紫禁城中的"紫"取祥和、吉祥之意。而皇帝作为真龙天子、一国之君，其居住的地方定会戒备森严，寻常百姓难以接近，所以明清两朝取"禁"字，将皇宫称为紫禁城。

1924年，冯玉祥发动了"北京政变"，将清代末帝溥仪赶出了紫禁城。次年，在原来紫禁城的基础上建立了故宫博物院。故宫，也就是"旧时的皇宫"的意思。由此，紫禁城作为"天子"住所的功能结束了。

故宫房间数是"九千九百九十九间半"吗

来北京旅游，没有人会错过故宫，参观故宫已经成为京城旅游最重要的内容。故宫是明清两代的皇宫，迄今已历经数百年的沧桑岁月。这里曾居住过二十四个皇帝，既是皇帝举行大典、召见群臣、行使权力的场所，也是皇帝与后妃、皇子们居住、游玩的地方。在长约三公里、高十米宫墙包围下的故宫，俨然是一座壁垒森严的城堡，给后世人留下了许多未解之谜。其中，比较重要的一个谜是：故宫房间数是九千九百九十九间半吗？

相传在明朝时期，明成祖朱棣准备修建北京城，于是他派大臣刘伯温考察地形、着手修建。朱棣原打算把宫殿修得富丽堂皇，能盖多少间就盖多少间，能盖多大的房间就盖多大的房间，以显示皇家独一无二的威严。

可就在刘伯温修建北京城皇宫的时候，朱棣做了一个非常奇怪的梦,于是便请精通解梦之术的刘伯温来给自己解梦。正要派人去请,只见刘伯温慌慌张张地要面圣。刘伯温一见着朱棣就说:"启奏万岁爷,微臣昨夜做了一个梦,梦见天上的玉皇大帝把微臣召到凌霄殿上对臣说:'听说你朝皇帝要修建凡间皇宫,你告诉他,天宫里的宝殿房间共是一万间,凡间的宫殿数目千万不可超过天宫。而且你还要告诉他,要请三十六金刚、七十二地煞去保护凡间皇城,才能够保证风调雨顺,国泰民安。这些话你一定要告诉他并让他牢牢记住。'玉皇大帝说完后,只见一团白雾扑来把微臣给吓醒啦!"

朱棣听完刘伯温的话,非常震惊,因为他昨晚做的梦和刘伯温的一模一样,玉皇大帝也是这么嘱咐他的!

朱棣思虑再三,就下旨命刘伯温所建的皇宫宫殿房间不得超过一万间,并去请金刚、地煞来保护皇宫。但务必保证皇宫的金碧辉煌,因为他心里还是不想太弱于天宫。

玉皇大帝托梦的事儿很快便在民间传开了,老百姓都等着要看刘伯温怎样修建皇宫,如何去请三十六金刚、七十二地煞来保护皇宫。

几个月后，皇宫终于落成了。朱棣亲自去参观皇宫，一看那宫殿盖得甭提有多华贵了，房间数还真是不到一万间，但也差不多，再看看宫院里金光闪闪，好像真有神仙镇守。朱棣非常满意，当场就大大赏赐了刘伯温。

那么，那所谓的"差不多一万间"是什么意思呢？故宫的宫殿房间到底是多少间呢？刘伯温请来的三十六金刚、七十二地煞又在哪里呢？

直到很久以后，人们才知道，故宫宫殿房间的数目原来是八千七百余间。而所谓的三十六金刚就是宫殿门口摆着的三十六口鎏金大缸，七十二地煞就是故宫里的七十二条排水沟。

故宫建筑的主色调为何是黄、红两色

走在故宫里,给人印象最深的是,故宫建筑群整体的颜色搭配。因为在故宫的每个角落,随时可以看到大片大片黄色的琉璃瓦"海洋",以及绝大多数殿宇的门窗、立柱和高大宫墙上刷出来的那种大红的色调,呈现出一种喜庆、祥和的面貌。难怪人都说,黄、红两色就是故宫的主色调。

那么,这么做的原因是什么呢?了解现代美术的人都知道,黄、红两色的组合是非常经典的搭配,难道修建故宫的人早在几百年前就已经认同这样的色彩搭配了?

其实,并不仅是所谓的颜色搭配那么简单。稍微了解点儿故宫建筑底蕴的人都非常清楚,故宫建筑的一砖一瓦、一草一木,都有其深刻的内涵。其整个建造布局、造型、用料都是极为讲究的,当然,颜色的采用和搭配也很有讲究,隐含着深刻的意义。

建筑可采用的颜色有很多种，赤、橙、黄、绿、青、蓝、紫等。故宫之所以采用了黄、红二色为主色调，内涵非常丰富。最主要的原因是这样的：

按照阴阳五行学说，世界万物都是由金、木、水、火、土五种元素组成的，其中"土"元素被认为是最重要的，因为它位居中央，可以控制四方，而土的代表颜色就是黄色。《易经》也说："君子黄中通理，正位居体，美在其中，而畅于四支，发于事业，美之至也。"所以黄色自古以来就被当作居中位的正统颜色，为中和之色，居于诸色之上，被认为是最美的颜色。所以，在古人的思想中，黄色即是尊贵、吉祥的象征，这么尊贵的颜色，当然只能由天下第一的真龙天子皇帝所用。所以，明清时期黄色袍服便成了皇帝的专用服装，其他人如果擅自用了这种颜色，就会被认为图谋不轨，会招来杀身之祸。

而红色呢？根据五行相生相克的理论，土赖火生，火多土焦；火能生土，土多火晦。火为赤色，所以宫殿门、窗、宫墙多用红色，寓有滋生、助长之意，以示兴旺发达。另一方面，在中国人的传统思想里，红色一直象征着喜庆、发达。据考古学家发现和文献资料记载，

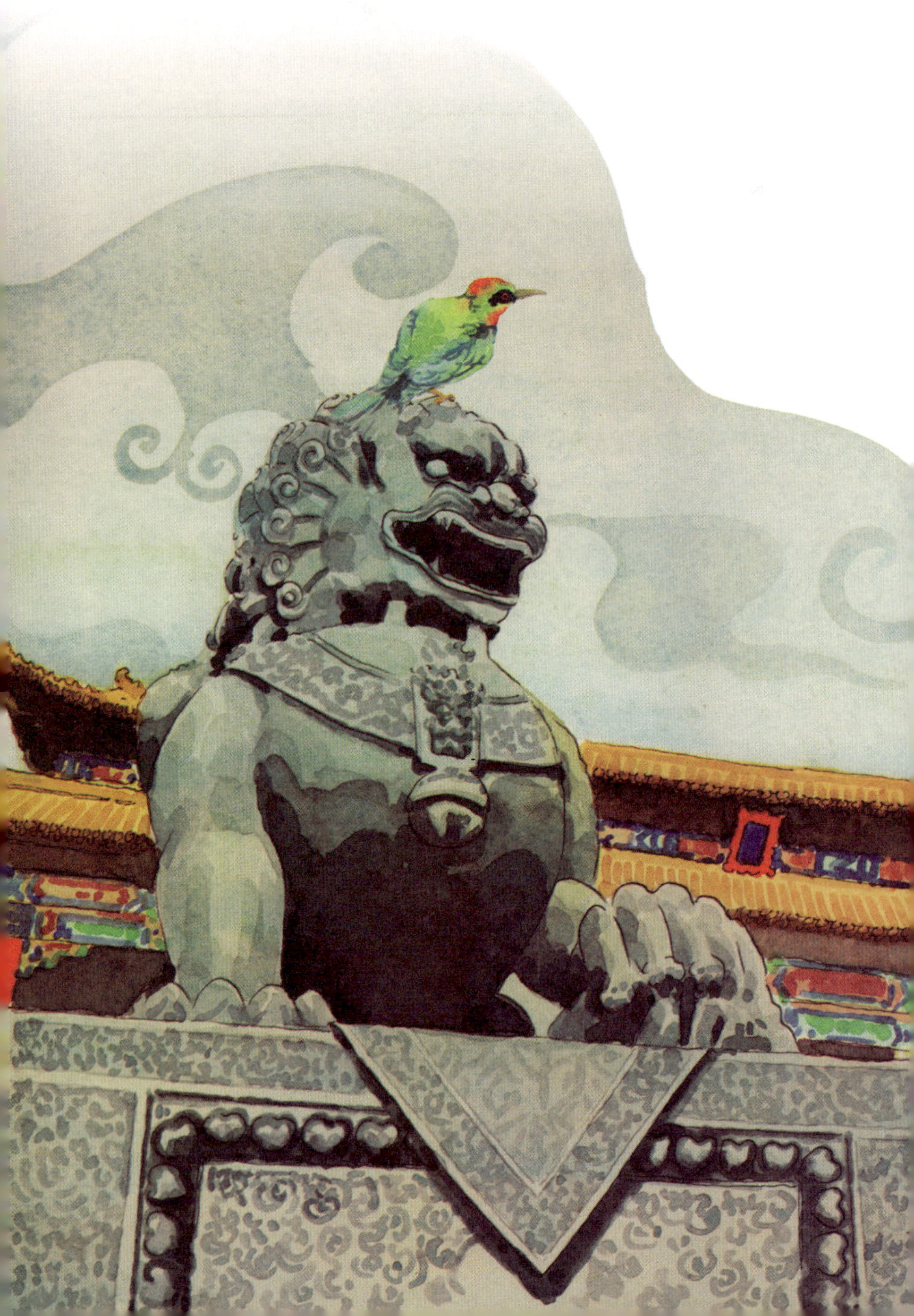

距今 3 万年左右的山顶洞人就已经开始用红色的事物来装饰洞穴了，周代以后的宫殿也已经普遍用红色颜料了。故宫的营建正是承袭了以往宫殿的色彩美学，大量地使用了红色。

正是在这种传统文化和思想的影响下，明清两代在修建、完善皇宫时，殿阁楼宇大都采用红墙黄瓦，以耀眼的颜色对比方式达到金碧辉煌、和谐悦目的视觉效果。既彰显了建筑群的大气、高贵，又展现了皇家至高无上的威严和气势。

然而，也有细心的人发现，故宫里的房顶并非全部都是黄色的，有极少的一些建筑用的是绿瓦或黑瓦，例如南三所、文华殿、文渊阁等。其实，要么是因为这些建筑并非皇帝居住的地方，在规格上要比其他建筑低个级别。例如，文华殿原是皇子们读书的地方，根据五行之说，青色即

绿色，为木叶萌芽之色，象征温和的春天，方位为东，故用绿色琉璃瓦。要么是因为其本身的定位要求。例如，文渊阁是藏书楼，根据五行相克的理论，黑色代表水的颜色，意在镇火，故为克水患，墙用青绿冷色，瓦用绿剪边黑琉璃。

故宫有了黄、红两色的映衬，显得雍容华贵、富丽堂皇，这是由其尊贵的地位所决定的。为了衬托皇家的这种威严和气势，故宫周边建筑的色调都相对低调了很多。在讲究尊卑等级的封建社会，建筑物的色调也体现出了级别。照规定，颜色的等级自上到下依次为黄、赤、绿、青、蓝、黑、灰。黄、赤两色是皇家建筑的专属，公卿大员家的屋顶则用绿瓦，而普通老百姓的房屋则只能使用最低等级的黑、灰、白等。所以，当时的人在登上景山向下观望时，会看到两种截然不同的景观：向南遥望，是一片金碧辉煌的琉璃瓦"海洋"，而向北遥望，则是普通民居建筑的灰色瓦顶。

也许是天意，也许是巧合，在蓝天白云和周边民居灰色调背景的衬托下，故宫这座古老尊贵的皇家宫殿愈发光彩耀人、气势恢宏。

揭秘故宫三大殿

在历史上，无论是哪朝皇帝，在都城和宫殿的选址上，都比较注重风水之说。

那么，什么样的风水适合建造都城、宫殿呢？风水先生会告诉你，国都的西北方最好要有龙脉。什么是龙脉呢？龙脉就是那连绵起伏的青山。龙脉的中心为祖山，是王气积聚之处。以此起始，引入京城，到达宫殿背后的靠山即"主山"。主山两翼，左以河流为青龙，右引道路为白虎。主山之前、青龙白虎之间的最佳选点，是万物精华的"气"的凝结点，是为龙穴，明堂就应建于此处。

按照风水学所说的，紫禁城就是处在北京城的最佳位置上，而三大殿太和、中和、保和所处之处就是明堂所在地。俯瞰故宫你便会发现，三大殿就是整个故宫的重点，是整个紫禁城内建筑的核心。可谓是居天下之中心，正与天空中央玉皇大帝所居的紫微宫遥遥对应——这是三大殿的选址缘由。

从规模和装潢上来说，三大殿在整个故宫内也具有独一无二的地位。它占据了紫禁城最主要的空间，面积达85000平方米。它们依次布置在高达8米的台基上，台基分上、中、下三层，每层都为须弥座形式，四周围着汉白玉栏杆。每根望柱上部雕有精美纹饰，下部雕有华美螭首——口内凿孔以便排水。大雨滂沱时，千龙吐水，胜似泉涌，蔚为壮观；阳光普照时，千龙之影，排排迭退，黑白相间，宛如图案。在建筑设计和艺术构思上，它们凭借着自身所具有的气势威严、规模雄伟、装修华丽、色彩神秘而成为紫禁城中最辉煌的建筑群。

三大殿中，太和殿最高、最大，横阔十一间，进深五间，外有廊柱一列，全殿内外立着八十四根大柱，是由四个倾斜的屋面、一条正脊和四条斜脊组成的。它建于康熙三十六年（1697年），距今已有300多年的历史，但依然保留着原有的富丽堂皇。太和殿是皇权的象征，皇帝登基、大婚、册立皇后、命将出师和每年的正旦、冬至、万寿（皇帝生日）三大节等重大典礼，皇帝都要在这里举行仪典，接受群臣的朝贺。

中和殿在太和殿的后面，是一座四角攒尖、有鎏金宝顶的方形殿堂，朱红廊柱，金扉琐窗，造型凝重，建筑奇特。殿内设宝座，雕刻金龙，金色璀璨，四列宝器。皇帝在举行重大典礼前，先在这里接受内阁大臣等重要官员的朝拜，然后再去太和殿。

保和殿在中和殿之后，是皇帝举行盛宴和科举殿试的地方，也是三殿中年寿最古老的。

气势恢宏、富丽堂皇的三大殿既承载了厚重的历史，又散发着它独特的现代光辉。如今的它们不仅仅是一处旅游景点，更是我们了解历史的重要窗口。

乾清宫"正大光明"匾额知多少

去故宫参观,有一个地方你肯定不会错过,那就是故宫内廷的第一座大宫殿——乾清宫。站在乾清宫前,只要您抬头往里观望,就会看到殿堂正中高悬着

一块巨大的匾额。这块匾额上书四个大字"正大光明"。

这苍劲有力的四个大字出自谁之手呢?是顺治皇帝。后来又经过康熙帝的一番摹勒刻石。而今天悬挂在乾清宫中的是乾隆皇帝的再次临摹。

这块匾额距今已经有三百余年的历史了,可谓历尽沧桑。关于这块匾额,还有一段关于清朝皇帝秘密立储制度的掌故。

清朝入关前后,在皇位的传承上,基本上采用推选制度来决定继位人选，如皇太极及其儿子福临都是通过推选制度继承了皇位。而康熙皇帝是孝庄皇太后决策并取得顺治皇帝福临的同意而定下来的继位人员。无论是皇太极的继位，还是福临及康熙帝的继位，都经历了一番血雨腥风，存在着激烈而复杂的权力斗争。虽然最终避免了统治集团内部的分裂，但由皇权传承而引起的强烈政治震荡，在很大程度上影响着清朝统治的稳固和行政效率。

康熙帝深受儒家思想的影响，又从父辈的权力争夺战中发现了推选制度的弊端，便决心对继位制度进行改革，建立一套规范的皇位传承制。这就诞生了嫡长子继承制。然而，嫡长子继承制的施行不仅没有平息皇位的争夺战，反而愈演愈烈，引发了更加动荡的权力争夺战。

在康熙年间的皇位争夺战中，四阿哥也就是后来的雍正皇帝占了上风，成功称帝。为了避免"九龙夺嫡"现象的再次发生，雍正帝改变了立皇太子的方式，建立了"秘密立储"制度，并将谕旨藏于乾清宫的"正大光明"匾后，待皇帝驾崩时才由大臣取出，将继位人公告天下。

据《雍正起居注》中记载：雍正元年（1723年）八月十七日，雍正在乾清宫西暖阁面谕总理事务王大臣、满汉文武大臣、九卿："今朕诸子尚幼，建储一事必须详慎，此时安可举行？然圣祖既将大事托付于朕，朕身为宗社之主，不得不预为之计。今朕特将此事亲写密封藏于匣内，置之乾清宫正中世祖章皇帝御书'正大光明'匾额之后，以备不虞……"这就是历史上所称的"秘密建储"制度。该制度具体规定：由皇帝亲自密写储君谕旨一式两份，并密封收藏于特制的匣内。其一置之乾清宫中"正大光明"匾后；另一份则由皇帝自己随身密藏起来，以便他"归天"之后，该谕旨与"正大光明"匾后的谕旨相互对证，而后生效。

雍正之子弘历也就是后来的乾隆皇帝的皇储地位，是在雍正元年确定的，并首次使用了上述密书缄盒的办法。后来，乾隆皇帝也曾秘密立储，但他立了两次。第一次立于乾隆元年，不幸的是太子永琏只活了三岁就夭折；第二次是于乾隆六十年，将皇位传给了嘉庆帝。此后的嘉庆、道光、咸丰这几代皇帝，都是根据这种秘密立储的方法登上帝位的。咸丰帝以后，清朝统治走向了结束的边缘，另一方面也不知何故，以后的皇帝都少子甚而无子，咸丰帝则仅有一子，还没有来得及秘密立储，咸丰帝就过世了。而同治帝以后又均无嗣。因此，这种秘密立储制度，也就逐渐失去了它的历史意义而自行废止了。

御花园"连理柏"的传说

故宫里的御花园始建于明永乐十八年（1420年），以后曾有增修，现仍保留初建时的基本格局。它位于故宫的中轴线上，在坤宁宫的后面，在明朝的时候被称为"宫后苑"，及至清朝时，改名为御花园。

御花园内的主体建筑钦安殿为重檐盝顶式，坐落于紫禁城的南北中轴线上，以其为中心，向前方及两侧铺展亭台楼阁。园内青翠的松、柏、竹间点缀着山石，形成四季常青的园林景观。在这一优美恬静的花园内，矗立着很多明、清两朝遗留至今的参天古树。这些古树苍劲挺拔，郁郁葱葱，神态各异，蔚为奇观，尤其是那棵连理柏，更为别致雅观，犹如一对连体孪生兄弟，树体通高约三丈，上面枝桠蟠伸，曲折叠盖，如龙嬉戏。

相传天一门内的那棵连理柏为清乾隆间种植，也是御花园中唯一的连理柏，属于二级保护古树。它由两株古柏组成，其双柏的主干正巧跨在北京的中轴线上，双干相对倾斜生长，上部相交缠绕在一起，而且相交的部位里面的木质已融为一体，成为一棵树。

很多人会非常疑惑：这种连理柏是如何形成的呢？它是天然形成的吗？

连理柏可以天然形成：连理柏由两棵树组成，只是在生长的过程中，由于两棵树非常接近，经过多年的风吹雨打，树皮被磨掉了，渐渐地就会长在一起，或者地下的根交叉长在一起，由此形成天然的连理柏。

其实，人工也可以获得连理柏，我国古代的某园艺大师就曾采用人工靠接的手法植出了连理柏。其主要的方法是：选择两棵大小相似的树，将它们临近树枝的皮用刀刮掉一部分，再将两个枝条靠在一起，用油布裹严，天长日久，两个枝条就长到一起了。

故宫门槛为何被锯掉了

爱新觉罗·溥仪,是清朝的最后一代皇帝,关于他的传闻有很多,但"溥仪锯故宫门槛"的事儿却鲜为人知。

大家都知道,在我国,很多房屋尤其是老房子,都会在门口做个门槛,除了能够防止沙尘进房屋之外,最主要的原因是,在老辈人的心目中,房屋的门槛能够趋吉避凶。

故宫作为一座古老的建筑，在其设计、建造过程中，有许多精妙之处。然而，很奇怪的是，在去故宫游览时，你会发现内廷里很多宫门的门槛被锯掉了，而且那些被锯下的门槛有的被放置在大门后面的汉白玉石座上，有的还被包上一层铜皮。这是怎么回事呢？其实，这都是因为溥仪的缘故。

　　原来，清朝统治结束后，溥仪也随之被迫退位。但他虽然退了位，却并没有离开家，仍然住在故宫里。在这个"小天地"里，他犹如还在位的样子，每天都有遗老遗少、大臣、太监、宫女

们对他问候请安,以"万岁"相称。

然而,溥仪生活的环境虽然比较传统,可是由于他曾经受过西方文化的影响,见识过很多新鲜的事物,所以骨子里并没有安分下来。一天,他的英文老师送给了他一辆自行车。溥仪对这辆自行车可谓一见钟情,没几天便能骑着它在内廷里转悠了。

有的时候,溥仪也会带上自己的皇后婉容一起玩。婉容是一个非常灵巧的女人,很快也学会了骑车,可两人合着骑一辆自行车哪能尽兴啊,于是溥仪命人又买来几辆自行车。没想到自行车够骑了,新的问题又来了。那就是宫里的门实在是太多了,每过一道门槛都要下来,搬着车过去,这样实在太麻烦了,溥仪和婉容两个人都为此十分烦恼。

没几天,溥仪就下旨锯门槛。可是这道圣旨刚下去,宫里就闹翻了天。为啥呢?原来,清廷遗老们不愿意呀!他们说,锯门槛这事情太不吉利了,那样老祖宗留下的好就都被打破了。

可性格执拗的溥仪哪听得进清廷遗老们的话,他还坚持锯掉门槛。这事很快被隆裕皇太后知道了。隆裕皇太后也非常气愤,她马上叫来了溥仪,大声地呵斥说:"你真是晕了头了,那门槛能是轻易锯掉的吗?这像什么话!"溥仪听了隆裕皇太后的话,没有说什么,但心里是一百个不乐意,只想着先等等再说。

说来也巧,这事过去没多久,隆裕皇太后就生病了。溥仪看隆裕皇太后病得不轻,想来也无暇管自己的事,便想来个"先斩后奏",背着她把那些门槛锯了再说。于是,他传旨将门槛马上给锯掉。管事的太监接旨后,知道这事躲不过去了,可又怕日后隆裕皇太后怪罪,便想着能拖就拖。便跪下向溥仪请示说:"万岁爷,奴才不知从何处锯起哪……"

溥仪心想,自己在养心殿住,常在后三宫一带骑车玩耍,把这附近的门槛锯掉就够用了,再用别的地儿时,到时候再锯。便说:"就从那御花园入口处顺贞门东侧的门槛锯起,往南经集福门,过琼苑西门、长康右门,然后是西一长街的近光右门和内右门,全锯了……"

听了溥仪的旨意,管事太监实在没辙,便遵照溥仪的旨意办了。他命人从御花园入口处的顺贞门东侧的门槛锯起,没几天,就把溥仪所说的那些门槛全给锯了。锯完后,他发愁了:"那些个被锯掉的门槛都好好的，如果扔了就太可惜了，不如我好好安置安置。"于是他在大门后设置了一个汉白玉的石座，将锯下的门槛放在上面，有的还包上一层铜皮，以防被损坏。然而，不知道为啥，储秀宫东侧的门槛南端只锯了一半就停下来了，如今那锯口还在那儿呢！

将门槛锯掉后，溥仪和婉容骑车就方便多了，一路畅通无阻，心里别提多开心了。可是，纸包不住火，这事后来还是被隆裕皇太后给知道了。可木已成舟，隆裕皇太后再怎么做都无济于事了，她把溥仪找来大声呵斥了一番，这事也就过去了。

故宫角楼是根据什么设计的

无论是亲临故宫参观，还是看图片，很多人可能会注意到这样一个细节，就是故宫的四个城角，每个角上都有一座角楼，非常漂亮。这些角楼拥有九梁十八柱七十二条脊，其设计之精巧、工艺之考究，令人惊叹！有人不禁要问，是谁脑袋这么灵光，竟然设计出了那么好看的角楼来。其实，这里面有一个美丽的传说。

明朝时期，燕王朱棣好不容易当上了皇帝，便想着好好给自己盖一处皇宫，既能显示皇家的范儿，又能住着舒服。经过一番考察，他把皇宫的地址定在了北京城，一则因为北京地形好、风水好，二则因为北京是他做王爷时的老地方。

有了这个想法后，朱棣就赶紧派大臣去北京修建皇官。大臣临行前，朱棣亲自叮嘱他说："你一定要在皇宫的外墙也就是犄角上，盖四座样子特别美丽的角楼，这每座角楼要有九梁十八柱七十二条脊。我现在封你为管工大臣，你一定要尽心修建，如果建不好可是要杀头的！"

管工大臣听了皇帝的话，心里别提多紧张了，皇帝亲自说角楼要盖成九梁十八柱七十二条脊，这可不是一件简单的活儿啊！一定要好好地从长计议。

第二天一大早，管工大臣出发来了北京。刚下轿子，就马不停蹄地叫来了八十一家大包工木厂的工头、木匠们，向他们详细说了皇帝的旨意，限令他们必须在三个月之内把九梁十八柱七十二条脊的角楼给盖出来，否则格杀勿论。

这些工头、木匠们听了都战战兢兢，赶紧凑在一起想办法。

可一个月过去了，他们查了几百本书，考察了几百个角楼，做了无数个样本，都没有理出一点儿头绪。恰好正值酷夏时节，天热得让人喘不过气来，加上心情烦躁，这些工头、木匠无不唉声叹气，真是茶也不思饭也不想。这时候有一个木匠师傅实在待不住了，就上大街溜达散心去了。

走着走着，木匠师傅便听见老远传来一片蝈蝈的叫声，其中夹杂着一声声吆喝："买蝈蝈，听叫去，睡不着，解闷儿去！"走近一看，是一个老头儿挑着许多

大大小小秫秸编的蝈蝈笼子在沿街叫卖。

木匠师傅心想：反正心烦也解决不了事，到最后该死活不了，该活死不了，听天由命吧！先买个好看的笼子，玩会儿蝈蝈。他就朝老头儿那儿走过去，见到老头儿手上有一个细秫秸棍插的蝈蝈笼子非常讨巧，做工非常精致，就跟画里的一座楼阁似的，里头几只蝈蝈正在那儿呱呱乱叫呢，于是便买下了这笼蝈蝈。

木匠师傅把这笼蝈蝈拿到施工现场，大伙儿见了，都围过来看。其中一个师傅特别不屑地说："大家都这么烦了，你竟然还有心思玩这个，这几个蝈蝈吵得人更烦了，真不知你怎么想的！"

木匠师傅笑着说："我也烦得慌，见大家都没精神头，就想着买个好玩的逗逗大家，你瞧着蝈蝈叫得多欢实，这笼子……"他原想说你们瞧这个笼子多好看呀！可是他还没说出嘴来，就觉得这笼子有点儿特别。他急忙摆着手说："你们先别看了，让我琢磨琢磨。"他把蝈蝈笼子的梁啊、柱啊、脊呀细细地数了一遍又一遍。大伙被他这一数，也都留了神，静静地直着眼睛看着，一点儿声音也没有。

木匠师傅数完了蝈蝈笼子，高兴地跳了起来，对大家伙大喊："你们快来看快来看，这笼子不正是九梁十八柱七十二条脊嘛！"大伙听他这么一喊，都围过来看，心细的人忙在那儿数，可不是嘛！不多不少，真是九梁十八柱七十二条脊的楼阁。

真是天无绝人之路啊！大家伙别提多高兴了，忙参考蝈蝈笼子的样子，创作出了皇宫角楼的样子，烫出纸浆做出样型，最后修成了到现在还存在的角搂。

完工的日子到了，皇帝亲自验工，待他走到一处角楼细细看时，不禁啧啧称赞，说："正是我理想中的角楼啊，真是辛苦了众位工匠。"遂吩咐对各位工头、木匠师傅予以重赏。

真有"推出午门斩首"这回事儿吗

在电视连续剧里或者小说里,我们经常会听到或者看到"午门问斩""把他给我推出午门斩了"类似的话语。这就给我们造成一种印象,即午门是古时候处决死刑犯的地方。

可是,事实上真是这样的吗?真有"推出午门斩首"这回事儿吗?

午门是紫禁城的正门,位于紫禁城南北轴线上。建成于明永乐十八年(1420年),清顺治四年(1647年)重修,嘉庆六年(1801年)又修缮。

午门在皇宫建筑中居于十分重要的地位,东西北三面城台相连,环抱一个方形广场。北面门楼,面阔九间,重檐黄瓦庑殿顶。东西城台上各有庑房十三间,从门楼两侧向南排开,形如雁翅,也称雁翅楼。在东西雁翅楼南北两端各有重檐攒尖顶阙亭一座。相对于其他诸门,午门的规模非常宏伟,建筑非常坚固,彰显了天朝的威仪，显得非常庄严和神圣。

在历史上，午门的用途非常广泛，一般有如下用途：

第一个用途是，午门是皇帝赐发物品和颁发皇帝诏书的地方。皇帝在立春赐春饼、在端午节赐凉糕、在重阳节赐花糕的诏书都在午门颁发；另外，在每年的腊月初一，还要在午门举行颁布次年历书的"颁朔"典礼；遇有重大战争，大军凯旋，要在午门举行向皇帝敬献战俘的"献俘礼"。

第二个用途是，午门是彰显国威的地方。每逢重大典礼和重要节日，都要在午门陈设体现皇帝威严的仪仗。

第三个用途是，明朝皇帝处罚大臣的"廷杖"仪式也在午门举行。在明朝时期，一旦大臣触犯皇家尊严，便会以"逆鳞"之罪，被绑至午门前御道东侧打屁股，官方名称"廷杖"。

至于电视剧和小说里所提及的"斩死刑犯"的地方，则根本不是午门。一方面，午门的前面是皇宫的禁地，戒备非常森严，一般情况下闲杂人等是不能靠近半步的，所以，不可能在这儿将犯罪的大臣斩首示众；另一方面，自古以来，在人们的心目中，刑场都是一个不吉利的地方，午门作为皇宫的正门，不可能成为不祥之地。至于斩死刑犯的地方是哪儿呢？据相关的史学家考证，死刑犯是在柴市（今天的西四）或者菜市口等地进行处决的。

那么，为什么会有"推出午门斩首"这样的说法呢？这就涉及午门的第三个用途了。在明朝的时候，午门是"廷杖"触犯皇家尊严的大臣的地方。刚开始的时候，还只是象征性地打，发展到后来，竟出现了打死人的情况。例如，正德十四年（1519年），明朝皇帝朱厚照要到江南选美女，群臣上谏劝阻，朱厚照大怒，下旨"廷杖"大臣舒芬、黄巩等130余人，其中的11人被当场打死。想想庙堂之上那些高官重臣，平日里哪个不是锦衣玉食、衣冠楚楚，一朝不慎触犯皇家威严，被捆倒在地，拖出午门，其中不少人在棍棒之下一命呜呼，因此"推出午门"便成了人人生畏的名词，传到民间便成了"推出午门斩首"了。

故宫东华门的门钉为何是偶数

在古老的封建社会,衣食住行都讲究等级差别,尤其是在等级森严的皇宫内,连一个小小的门钉都很有讲究。要说门钉本来只是一个不怎么重要的结构件,为何会说它也能体现出等级森严呢?只因它处于一座皇城中比较重要的位置,所以兼具了炫耀权势的功能。

在明清时代,已经制定了门钉数目的相关制度,如按照清代制度,皇家宫苑的宫门必须是"朱扉金钉,纵横各九",因为九为阳数,又是数字之极,九九八十一颗门钉最能体现帝王的尊贵。所以,午门、西华门、神武门等的门钉都为81个,是个奇数。而亲王府第的门钉即减为"纵九横七",亲王以下递减。这种尊卑有序的制度是无论如何都不能打破的。

然而,令人非常不解的是,故宫东华门的门钉居然少了一排,为每扇门八九七十二颗,是个偶数,而且仅此一处例外。这是为什么呢?为什么单单东华门的门钉数不按规定呢?

对此一直众说纷纭，有很多种说法。

一个说法是，东华门的门钉本就与别处门的门钉不同，尺寸稍大些。由此推断说，当年肯定是有一批门钉给做大了，用在东华门上如果仍然排成九排就会显得非常挤，不好看，所以就去掉了一排。其实这种说法是根本站不住脚的。在等级森严的封建社会，尤其是在皇宫大内，门钉的数目即代表着等级的尊卑，如果说只是因为门钉做大了就瞎凑合着用，是断不可能的。有一个很好的例证可以予以反驳，那就是当年佛香阁的拆塔改阁行为，耗资巨万都不惜，更不用说浪费一些小小的门钉了！如果尺寸大了，大可以重新制作嘛，不可能凑合着用在故宫的门面之一东华门上的。

还有一个说法是，东华门的门钉原本也有 81 个，只是在明朝末年，李自成带领农民军起义攻陷北京，明崇祯皇帝朱由检仓皇从东华门逃出至煤山自缢。后来，朱由检的灵柩停放在东华门外几天都没人敢埋。清军入北京城后，认为东华门这个门不吉利，决定以后帝后死后，都要出东华门送殡，进东华门迎灵。按人死为鬼的迷信说法，就把东华门称为"鬼门"。再后来，清朝统治者为了笼络汉族各界，将东华门上的门钉减去一排，由 81 个改为72个，以责东华门未能挡住朱由检圣驾出走之罪。这样，小小的门钉既收买了人心以巩固其统治，又使这个"鬼门"符合"奇数为阳，偶数为阴"的习俗。所以从此以后东华门的门钉就只有72个，为偶数。针对这一说法，也有人予以反对。说史料中也有这样的记载，即也有从西华门抬出灵柩的情况，并且有时皇帝外出巡幸也走东华门，所以不能认为东华门只办丧事。

很多人不禁要问了，这个说法不对，那个说法不行，到底真正的原因是什么呢？难道真是个未解之谜？

其实，整个故宫的建造都是十分讲究风水之说的，从其所选的黄、红亮色调来看，就说明了故宫设计时的用心、讲究。在阴阳五行学说中，东、西、南、北、中为五方，其中东属木，西属金，南属火，北属水，中属土，而它们相互间相生相克。

而在故宫东、西、南、北、中五个方位系统中，处于南北轴线上的是火生土、土克水的关系，即外生内，内克外，这样，生进克出为吉宅。而处于东西轴线上的是木克土、土生金的关系，即外克内、内生外，这样，克进生出则为凶宅，而凶象中尤以木克土为甚。为了逢凶化吉，古代的皇宫设计者便将阴阳五行相生相克

的原理运用到工程中，将东华门的门钉数目改变了，由纵九横九改变为纵八横九，其门钉的数目也从81个变为72个，即把木化为阴木（偶数为阴），因为木能克土，然而阴木未必能克阳土。而横行还是九路，又不失皇家的尊贵。古代足智多谋的设计师就这样做到了"逢凶化吉"。

从外在上看来，与故宫的其他门相比，东华门的与众不同似乎很不协调，然而从文化底蕴上看来，又有着其合理的存在理由。其门钉的"纵九横八"之数，正是逢凶化吉之举，体现了我国古人在皇宫设计、建造过程中对美好事物的向往和追求。

中国现存最完整的
清代王府——恭王府

在风景秀丽的北京什刹海的西南角,有一条静谧悠长、绿柳荫荫的街巷。在这条街巷之中,坐落着一座王府,它是中国目前保存最完整的王府,其前身为清代乾隆朝权臣和珅的宅第和嘉庆皇帝的弟弟永璘的府邸,是全国重点文物保护单位,代表着中国的王府文化,堪称"什刹海的明珠"。它就是恭王府。

恭王府,又被称为恭亲王府,位于前海西街,始建于清乾隆年间。恭王府的前半部分,是一片雄伟壮丽的府邸,其后半部分,是一片幽深秀丽的古典园林,总占地面积将近6万平方米。其府邸建筑布局规整、工艺精良、楼阁交错,仅次于皇家宫殿紫禁城,充分体现了皇室辉煌富贵的风范和民间清致素雅的风韵;府后的萃锦园则衔水环山,古树参天,富丽天然,实为中国园林建筑的典范。这样一个美丽、典雅、富丽堂皇的庭院,其中蕴含着怎样的历史风云呢?

据史料记载，恭王府的原址是一块风水宝地，在元明两朝时，曾建有一座寺院，该寺规模宏大、香火旺盛，就连皇帝也常来此礼佛上香。后该寺院逐渐没落，在明朝时期沦为朝廷的供应厂，在清朝时期，成为私人的院落。

乾隆四十一年（1776年），和珅开始在这东依前海、背靠后海的位置修建他的豪华宅第，时称"和第"。和珅是乾隆帝的宠臣，乾隆晚期的宰辅、大学士，又是历史上赫赫有名的贪官，在清史中十分惹人注目，有关他的传说也因此多不胜数。特别是他的儿子丰绅殷德，后来娶了乾隆帝的小女儿固伦和孝公主为妻，使这座豪宅一时成了实际上的公主府。

嘉庆四年（1799年），乾隆帝死后，嘉庆帝革了和珅的职，抄了他的家，并将他赐死。嘉庆从和珅家抄的财产约值白银两千万两，相当于清政府半年的财政收入，所以有"和珅跌倒，嘉庆吃饱"的说法。和珅被赐死后，嘉庆帝便将这座豪宅的西半部赐给他的弟弟庆郡王永璘。之所以只给他一半，是因为当时乾隆帝的十公主及其额驸丰绅殷德还住在那里。

就这样，和珅的这座豪华宅第被一分为二，西部

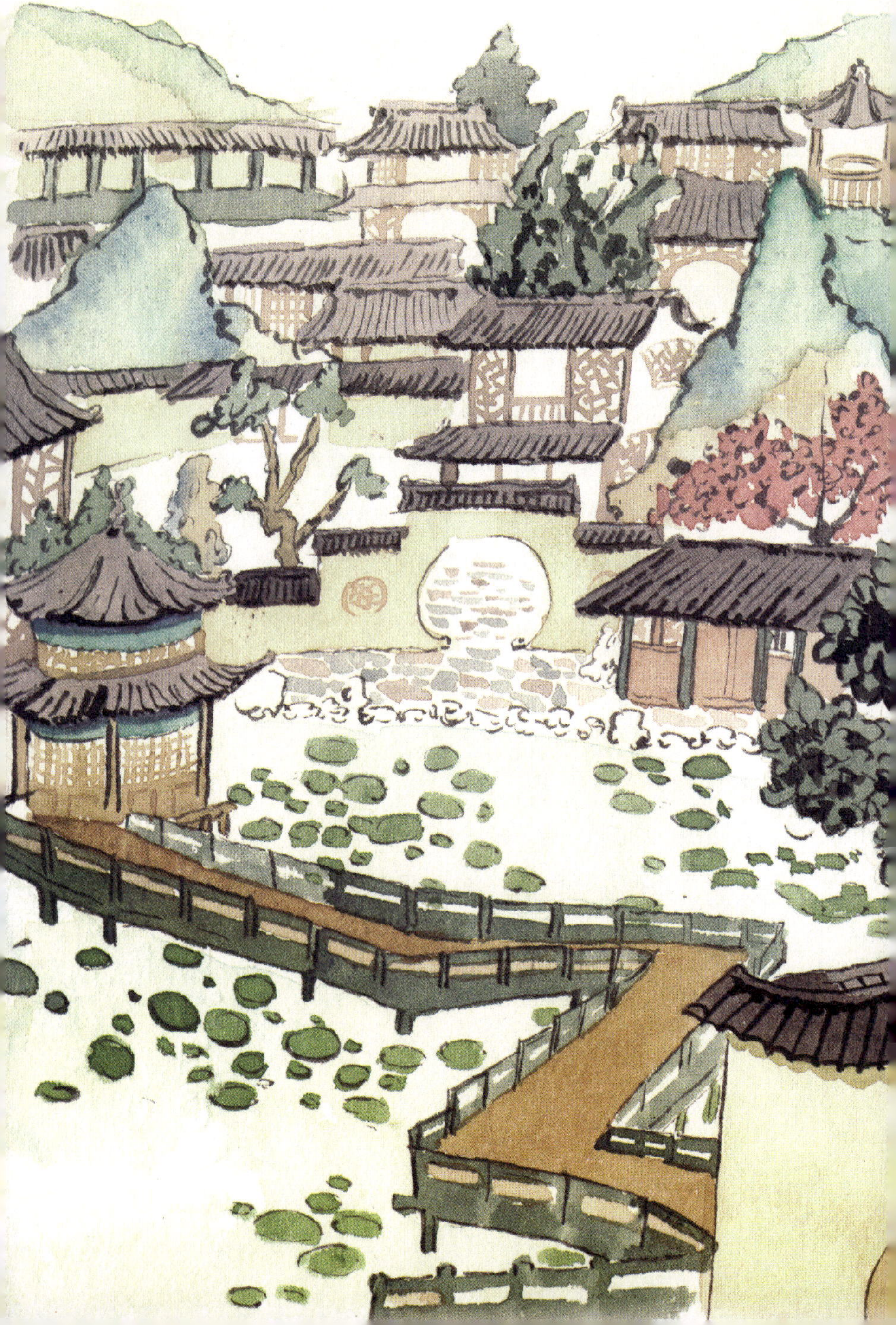

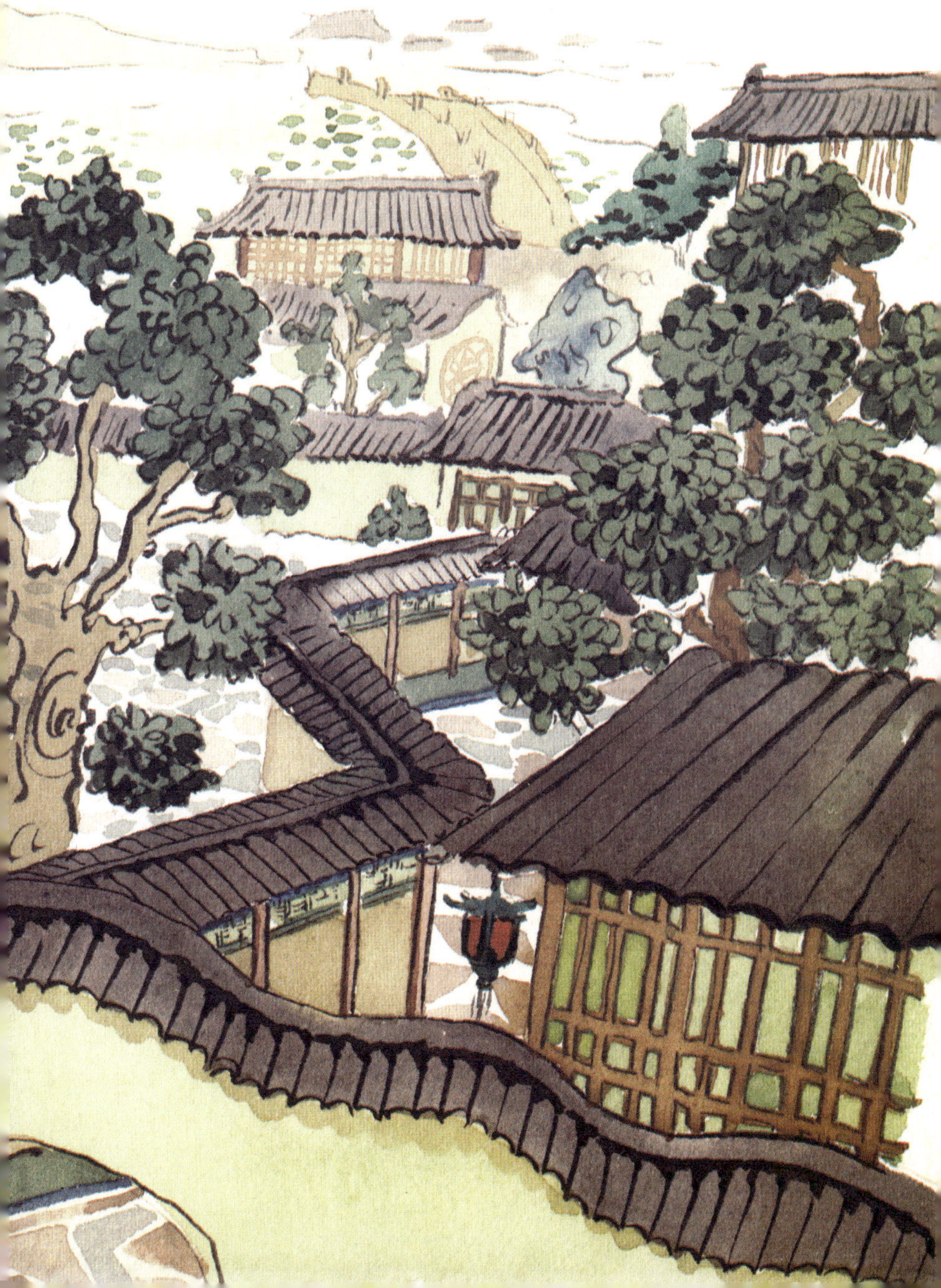

为庆郡王府，东部为公主府。这种状况一直持续到道光三年（1823年）才结束，当时十公主去世，整座府邸便全部归到庆郡王名下，然而当时的庆郡王已经死去三年了。

提及庆郡王，很多人可能不熟悉，但如果说起他的孙子，也就是那位和李鸿章一起同八国联军签订《辛丑条约》的庆亲王奕劻，恐怕很少人说不知道了。奕劻和恭王府的第一任主人和珅一样，也是一名大贪官。从同治朝起，奕劻就颇受慈禧太后的恩宠，也因了这层关系，在慈禧太后将府邸改赐恭亲王奕䜣之前，他一直以辅国将军的身份在这里住着。

同治年间，由于恭亲王奕䜣协同慈禧发动政变有功，慈禧太后便将此宅赠予他，而成为恭亲王府，其名沿用至今。第三代主人恭亲王奕䜣，身兼议政王、军机领班大臣等要职，重权在握，显赫一时。在他占有这里期间，曾大筑邸园，同时也对府邸部分进行了修缮与改建。如今我们所看到的恭王府的建筑规模和格局，就是在那个时候最后形成的。

辛亥革命后，随着清王朝统治的结束，按照民国政府优待清室条例的规定，王府成了府主人的私产，开始逐渐走向没落。后因政局动荡,生计艰难,末世王孙们纷纷卖掉府第,以图生存。恭王府也不例外,它也和其他王府一样,没能逃脱可悲的蜕变与分割。在民国初期,这座承载着繁华、富贵的豪华王府被恭亲王的孙子溥伟以40万块大洋卖给教会,后由辅仁大学用108根金条赎回,改建成女子学堂。中华人民共和国成立后,恭王府又历经沧桑,被几次更改用途。曾经被公安部、风机厂、音乐学院等多家单位使用过。由于得不到真正的重视,在使用过程中又没有得到合理性使用,再加上地震等地质灾害的破坏,到二十世纪七十年代中晚期,恭王府花园的部分游廊和府邸东路南部一进院落的正房及东西厢房先后倒塌,其他建筑也都遭到不同程度的毁坏。但庆幸的是,王府的总体格局没有被破坏,尚保存完整。

如今的恭王府,已经成为京城的一个重要的景点。每天都有很多的游客慕名而来,来感受这座昔日豪华的私人庭院所带给人的震撼。

回望恭王府的历史,可谓久远。对这座恭亲王府,我国历史地理学家侯仁之曾经这样评价说:"一座恭王府,半部清朝史。"足见恭亲王府所承载的历史是多么厚重。

恭王府花园是"大观园"原型吗

在《红楼梦》里,曾经对大观园进行了形象、着重的描写。后来,根据书中的描写,人们在北京的西南角建起了一座园林,取名为大观园。如今该园林已经成为京城一个著名的景点。

由于恭王府里有着《红楼梦》中所描绘的某些景物,因此有人据此推断说,恭王府花园正是大观园的原型。到底是不是呢?

针对这个论断,学界一直有着激烈的争论。我国著名的红学家周汝昌在其《恭王府是真正的大观园》一文中说:"雍、乾之时,世人缄口不敢言,但寻访红楼遗址的文化活动并未停止,直到道、咸年间,安徽的诗人进京,还不忘到内城去觅求香冢的故址。他的记载,说那有故王公府一二处,左有激湍(响闸),右有清流(御河),后有佛寺——全北京只有今之恭王府所在地完完全全地符合那种地理地貌特点,一丝不差。"周汝昌认为,恭王府花园正是大观园的原型。为此他还特著《芳园筑向帝城西——恭王府与〈红楼梦〉》一书,其间进行了大量的考证。

支持恭王府花园是大观园原型这一论断的人认为:恭王府主要分为宅邸和花园两部分,宅邸又分为中、西、东三路,在西路主要的院落是"天香庭院",而"天香庭院"正是曹雪芹笔下大观园中的"怡红院",在该院内还有两层彩绘长楼,并有两棵清代的西府海棠,这两棵海棠是怡红院中"怡红快绿"的一蕉一棠;贾琏在偷偷地娶回尤二姐后,把她安顿在大观园后门不远处的一条花枝巷里面被叫作"9号"的地方,对此专门有人去做了调查,发现恭王府后边有一个死胡同,该死胡同就只有9个门,所以据此推断"9号"即恭王府后边的死胡同……

至于恭王府花园是不是大观园的原型,也有人持相反的意见。这些反驳者认为,恭王府的历届主人都是在曹雪芹以后出生的人物。尤其是恭王府花园形成今天这样的规模,主要是在成为恭王府时规划兴建的。在第一任主人和珅居住时,只有府邸而没有后边的花园。

如今,恭王府花园到底是不是大观园的原型,还处于争议之中,成为一个谜。

至于曹雪芹在创作大观园的场景时,有没有什么借鉴物呢？很多人都持肯定的观点，只是所提出的借鉴物不同。有的认为借鉴的是乾隆年间江南文人袁枚家的"随园"，这个"随园"到底是什么样子，不得而知；有的认为借鉴的是曹家在南方江宁织造府的花园"楝亭"，关于"楝亭"，其状貌也不得而知。但是，曹雪芹只是少年时期在江宁住过，后来在13岁的时候，他随全家进了京。而《红楼梦》则是在他的晚年创作的，有人据此否认"楝亭"是原型这个观点。

其实，最主流的观点应该是大观园是曹雪芹的原创。如果真要说他在创作的过程中借鉴了什么景物的话，那就是参考了我国造园艺术的几千年精华。曹雪芹在创作的过程中，将皇家和私家园林的优势、将北方和南方的特点结合到一起。所以说，大观园乃是他的独创。

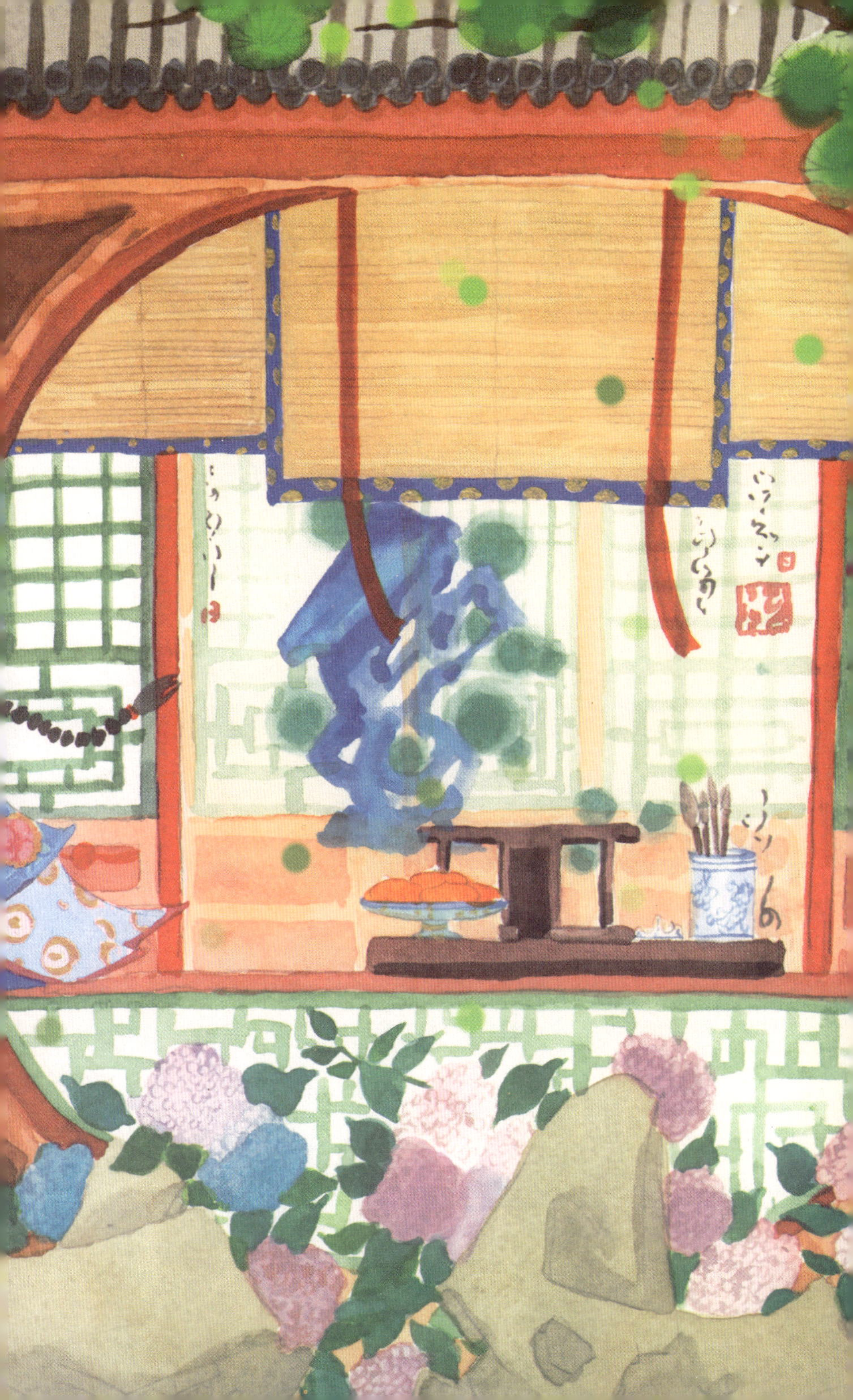

北京恭王府的"福"字为啥被称为"天下第一福"

提起恭王府,老北京人总喜欢说一句话,那就是:"到故宫要沾沾王气,到长城要沾沾霸气,到恭王府就一定要沾沾福气。"这是什么意思呢?

原来一切源于在恭王府里有一块清康熙帝御笔亲题的"天下第一福"福字碑。

这座福字碑藏在花园的一座用糯米浆砌筑成的假山内,在该假山下有一幽静的"洞天",称秘云洞,洞的正中正是福字碑的所在,碑高1米左右,长80厘米左右,贯穿整座假山。

康熙帝一生酷爱书法,但很少题字,以至于有"康熙一字值千金"的说法。在今天的北京城内,除公文外,经考证的康熙题字只有3个,除了高悬于故宫交泰殿的"无为"二字,再就是恭王府石碑上的"福"字。

康熙十二年(1673年),康熙帝的祖母孝庄皇太后将要过六十大寿,不料却重病缠身,久治不愈。宫内太医用遍了良方名药,也未见起色。这可愁坏了康熙帝,他为此寝食不安,整日苦思良策,可什么法子也没想出来。就在这时有大臣献策,说可以试试史书上记载的请福延寿的方法。康熙帝也没有别的办法,便准备试试这个方法,为祖母请福延寿。在沐浴斋戒三日之后,他凝神运气,秉持一颗最虔诚的心,倾注其智慧和功力于笔端,一气呵成写下一个大大的"福"字,并加盖上"康熙御笔之宝"的印玺。

将这个"福"字精心裱糊后,康熙帝马上将其送给了孝庄皇太后。孝庄见了欣喜万分,也不知这请福延寿的方法真奏效,还是孝庄因心情好而病愈,久病的她竟然百病全消,心情舒畅、健健康康地过了个六十大寿。

自此这件事便在宫中传开了,大家都说皇太后病好全仰赖康熙帝"请福延寿"的功劳。奇怪的是,从此以后,康熙帝无论如何都再也写不出那种气势浩荡、气韵流畅的"福"字了。

康熙帝御笔的这个"福"字,蕴含着无穷的奥妙和无限的祝福。从写法上看,暗合了"子、才、田、福、寿"的字形。右半的上部像一"多"字,因此,取意"多子""多才""多田""多福""多寿",是古往今来独一

无二的五福合一的"福"字,另外,其中的"田"字尚未封口,因此有"洪福无边、无边

之福"的意思；从形体上看，不同于民间书写的饱满方正，而是瘦长狭窄，这又瘦又长的"福"字，听起来是谐音"又寿又长"的长寿之福了，故民间称之为"长瘦（寿）福"；福字右半部正好是

王羲之《兰亭序》中"寿"字的写法，是现存历代墨宝中唯一把福、寿写在一起的福字，被民间称为"福中有寿，福寿双全"。因此，这个"福"字实是汲天地之灵气，纳万物之精华的实至名归的"天下第一福"。

后来，康熙帝命人将这个"福"字刻在石碑上，放在紫禁城中，成为大清国宝。可是，福字碑传到乾隆时期，竟然神秘失踪了。关于这块御福石碑的去向，犹如一个巨大的谜团，困扰两位帝王近百年之久。

据说，这块福字碑易地的背后之手正是和珅，可至于它是怎么来到恭王府的，至今仍是一桩悬案。

福字碑在和珅家被发现时，就藏身在滴翠岩下的秘云洞，这里是恭王府花园的龙脉所在。据说当年嘉庆帝查抄和珅府时，想把这个福字碑移到皇宫，但是由于和珅设计巧妙，动福就动龙脉，这是皇帝最忌讳的，大怒之下，下令将假山封死。从此，康熙帝墨宝"福"字在所有的史书中消失了。

直到1962年，工作人员仔细查找并掘开被封堵一百多年的秘云洞，发现了福字碑，使福字碑得以重见天日。后经过文物部门的考证，"康熙御笔之宝"印已成为当今世上所留的唯一一个完整的康熙大印印章。

有"北京王府花园之最"之说的王府是哪一座

在北京众王府的花园中，属郑王府的"惠园"规模最大，属京师所有王府花园中最大最壮观的。园中"引池叠石，饶有幽致"，园后为雏凤楼，楼前有水池，其后为几丈高的瀑布，几百米外就可听到瀑布声音，非常壮观。因此，郑王府素有"北京王府花园之最"之说。

据说，郑王府在明朝时期曾经是姚广孝的府宅，在大清开创后，则成为开国元勋济尔哈朗的府邸。济尔哈朗是清太祖努尔哈赤三弟舒尔哈齐的儿子，于顺治九年（1652年）被加封为郑亲王，是清初著名的"八大铁帽子王"之一。

郑王府的历史非常久远，在清朝入关之初就已经建造完成。在清朝，王公大臣的宅第营建，均有定制，如基址过高或多盖房屋皆属违法，所有这些王府的"定制"极为详尽。主轴线上的建筑有几重，主要建筑如正

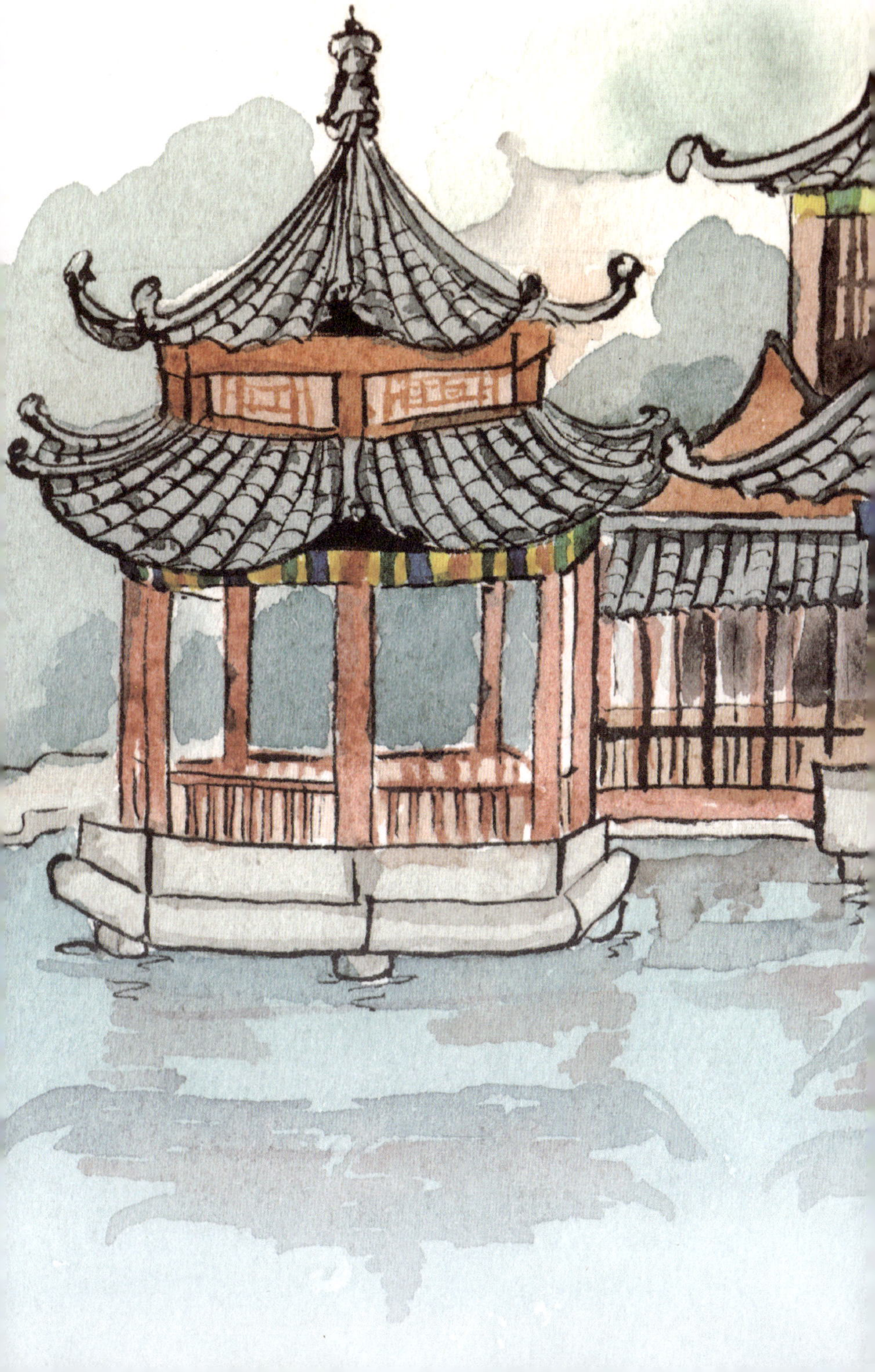

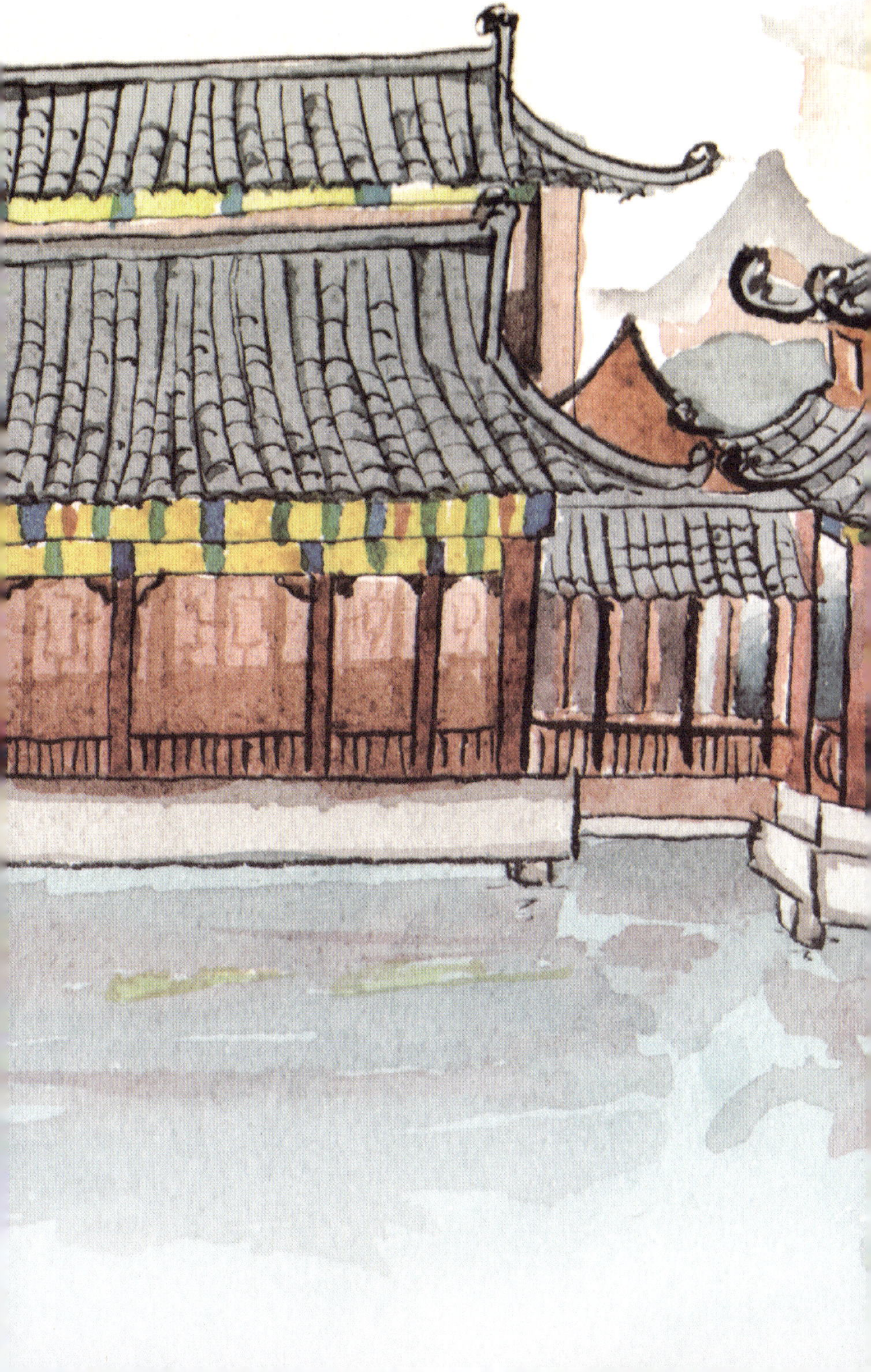

门、殿、堂、寝和楼的规模,建筑物上的装饰,如梁栋彩绘、门钉数目、压脊兽种的数目,以及正殿内是否设座和屏风,都按不同的等级明确区分。《大清会典事例》曾记载郑王府一例逾制:"顺治四年,郑亲王营造王府,殿基逾制,又擅用铜狮、龟、鹤,罚银两千两。"现实中,多数王府往往在许多地方达不到规定标准。就拿逾制的郑王府来说,其大殿、东西配楼、后殿、后罩楼都不足规定标准,只相当于低一级的郡王府标准。而郑亲王济尔哈朗就因建府殿基逾制,又擅用铜狮、龟、鹤,于顺治四年(1647年)遭弹劾后而罢官罚款。

郑王府建造完成后,此后历代袭王对王府均有修缮或扩建。最大的一次是第八代袭王德沛对花园的扩建,并将花园命名为"惠园"。对此,《啸亭杂录》卷六有记载:"邸库中存贮银数万两。王见,诧谓其长史(名义上管理王府的最大的官)曰:'此祸根也,不可不急消耗之,无贻祸后人也。'因散给其邸中人若干两,余者建造别墅,亭榭轩然。故近日诸王邸中以郑王园亭为最优。"惠园规模巨大、好景众多,成为京城王府中最大最壮观的花园。

发展到后来,郑王府经历了一次易主的过程,后又失而复得于其后嗣。事情是这样的：咸丰十一年（1861年），第十三代郑亲王端华、怡亲王载垣及肃顺等被咸丰皇帝临终前任命为"顾命八大臣"。后在"辛酉政变"发生后被赐自尽，没收家产，王府曾一度成为钟郡王奕詥的府邸。同治三年（1864年），恢复了郑亲王爵位，但没有发还府邸。直至同治七年（1868年）钟郡王奕詥去世后，王府才被发还，复为郑亲王府。

民国后，郑亲王后人先是将王府抵押给西什库教堂，后又租给中国大学为校址，中国大学使用时改名为"逸仙堂"，如今还在使用着。在中华人民共和国成立后，原有的后罩楼和一些附属建筑被拆除了，改建为教育部的办公大楼，西部的花园另建二龙路中学，现为实验中学（北京师范大学附属实验中学）初中部。

如今的郑王府位于西单大木仓胡同35号，是教育部办公所在地，其正门虽然朱漆剥落，但仍存有深宅大院的气派，但除了正门与后院"逸仙堂"，王府里的建筑已经所剩无几了。如今的办公楼所在地便是有"京城王府花园之最"的郑王府后花园。可是当年的所有美景，包括园中园、厢房、假山已经全部消失了，空留一个美名，表明郑王府花园曾经无比美丽、无比风光过。

京城规模最大的王府——礼王府

礼王府的始王是代善，清太祖努尔哈赤次子。代善于清崇德元年（1636年）封和硕礼亲王，为清开国元勋，不仅跟随清太祖征战多有战功，在支持其弟太宗皇太极、侄世祖福临即位及安定政局等大事上发挥了重大的作用。

礼亲王府的位置多有变化，最早的位置在西四南大街缸瓦市。代善死后，他的第七子满达海袭为巽亲王，《啸亭杂录》记载此时的巽亲王府仍在

缸瓦市，次年，满达海卒，其长子常阿岱袭爵。清顺治十六年（1659年），追论满达海罪，常阿岱降为贝勒。代善所遗亲王爵由祜塞第三子康郡王杰书继袭，仍沿用原封号康亲王，康亲王杰书新建康亲王府。其后，在康熙年间进行了大规模的扩建，扩建之初，康熙帝下旨命天下资助，甚至府中陈设也为官员献纳，所以该王府非常豪华，规格高于其他王府。乾隆四十三年（1778年），恢复礼亲王的封号，康亲王府也随之改为礼亲王府。嘉庆十二年（1807年），礼亲王府毁于大火，由当时的礼亲王集资于原址重建，也就是我们今天所看到的府邸样貌。

整个礼亲王府呈长方形，规模雄伟，占地宽广，重门叠户，院落深邃。在清代所建的诸多王府中，礼亲王府是京城规模最大的王府，民间素有"礼王府的房，豫王府的墙"的说法，说的就是礼亲王府规模大、房子多。据《乾隆京城全图》记载，礼亲王府共分为中、东、西三路，整个王府共有房屋、廊庑等四百八十余间。其中东路有十二进院落，是王爷及其家人的卧房。西路有十一进院落，其间有花园、阁楼，设计精美。中路是主体建筑，有五重房屋，七进院落，既有府门、宫门、银安殿等，又有两侧翼楼、后殿、两侧配殿，还有启门、神殿前出轩、两侧配殿、遗念殿（后罩楼）、两侧转角配房、后罩房等。

后来，随着清朝统治的结束，礼王府也随之走向没落。1927年，礼亲王的后人为了维持生计，将王府前半部租给了华北文法学院作为校舍，家人仅住王府的后半部。1943年，经一位日本人介绍，礼亲王府被出售。中华人民共和国成立后，被改为民政部办公场所。

豫王府的院墙高三尺

在北京，很多人都曾听说过这么一个说法，那就是："礼王府的房，豫王府的墙"，什么意思呢？意思就是说，礼王府以房多闻名，豫王府以院墙高闻名。

听了这个说法后，很多人都会觉得不可思议，豫王府的院墙为什么要比别的王府高呢？要知道，清朝的等级尊卑制度是非常严格的，按照清朝的定制，所有的王府的具体规格都有详细的规定，如大门面阔多少、有几个正殿几个配殿、花园最多建多大、房顶用什么瓦、瓦是什么颜色等，都有非常明确的规定。在建造的时候，是万万不可超越这个规定范围的，否则就有可能惹皇帝生气，招致杀身之祸。既然门面、花园、瓦什么的都有规定，院墙的高低当然也要有限制，绝对不允许私自定高度，想砌多高就砌多高。

可是，豫王府的院墙却比别的王府的高出三尺，而且当时并没有人敢说他违反了清规，应该被论罪。皇帝还允许这种情况存在，这到底是为什么呢？

在介绍原因之前，我们先了解一下豫王府的基本情况。

豫王府，也被称为豫亲王府，位于东城区帅府园东口，也就是今天旧协和医院的位置。该府于顺治年间建造，主人是清太祖努尔哈赤的第十五个儿子豫亲王多铎。多铎去世后，他的第二个儿子多尼承袭了父亲的封号，改王号为信，所以豫亲王府也被改称为信亲王府。摄政王多尔衮犯事死后，多铎虽比多尔衮早一年去世，但也受牵连，在顺治九年（1652年）被追降为郡王，与此同时，已承袭亲王爵位的多尼也因此被降为信郡王。因此在《乾隆京城全图》上只绘有信郡王府，而没豫亲王府。直到乾隆四十三年（1778年），清高宗追叙多铎的开国之功后，命复豫亲王爵，袭王修龄才由信郡王改号为豫亲王，信郡王府也就被改称为豫亲王府。后来居住在豫亲王府的多铎后人因各种原因家道中落，1916年，美国石油大王洛克菲勒以12.5万美金将豫亲王府全部房产买下，在豫亲王府故址建起了协和医院。豫亲王府的经历可谓复杂、曲折，历尽荣辱。

豫亲王多铎为大清基业的奠定立下了无数战功，劳苦功高，颇得顺治皇帝的信赖和重视，被封为铁帽子王。岁月流逝，豫王府迎来了第四代豫王小小豫王。这个小小豫王平时非常喜欢下棋，而当时的乾隆皇帝也非常喜欢下棋，两个人的棋艺还都很好。因了共同的爱好，乾隆皇帝便非常看重这个小小豫王，得空便到豫王府找他下棋。

一天，乾隆皇帝办完公事，闲来无事，便又来找小小豫王下棋。小小豫王为了两人玩得更有意思，就对乾隆皇帝说："以前和皇上您下棋，都没设过什么赌注，那样下得没劲，这次咱们得论个输赢比个高低。如果是我输了，您就将我家门上的一个门钉给拔掉，您看怎么样？"

乾隆皇帝听了，觉得很有趣，便爽快地点头答

应了。

没想到机灵多变的小小豫王还斗胆向乾隆皇帝提了一个附加条件，他说："为了公平起见，皇上您若是输了，臣斗胆想请您为我加一份俸禄，您看如何？"

没想到乾隆皇帝竟毫不犹豫地答应了。

这下二人既谈好了条件，接下来便正式开始下棋了。一个钟头下来，乾隆皇帝将死了小小豫王。

小小豫王见自己输了，便依照先前谈好的条件，请乾隆皇帝拔掉了自家门前的一个门钉。二人接着拼杀。第二局开局拼杀更烈。只见小小豫王改变了战术，由守变攻，不一会就战胜了乾隆皇帝。

"皇上您这次输了，可别忘记您答应我的事儿，一定要记得给我加一份俸禄啊。"小小豫王赶紧提醒乾隆皇帝。

乾隆皇帝点头答应后，二人继续拼杀。结果，十盘下来，二人竟相持不下、各有胜负，杀了个五比五平。

乾隆皇帝说道："这十盘下来，咱们打了个平手，谁也没输，谁也没赢呀！"说完，正要起身离开。

小小豫王却急忙留住了乾隆皇帝，对他说："皇上您此言有差呀！刚才十盘下来，明明是我输了五盘，应该让您拔我家门上五个门钉。而您输了五盘，您应该给我加五份俸禄啊！"乾隆皇帝听了一愣，转念一想，也是呀！没辙，只好答应了小小豫王。

后来回到皇宫后，乾隆皇帝心里不是个滋味，他开始嘀咕起来："我们今天明明打了个平手，结果我捞回五个不顶用的门钉，他却被加了五份俸禄，这也太不公平了！摆明了在欺负我这个皇帝！……"

真是越想越生气，乾隆皇帝一气之下，便想下道谕旨，说豫王有欺君之罪。可又仔细一想，小小豫王他终究是个铁帽子王，是不能加罪的。

最后，乾隆皇帝为了出心中的这口气，说："哼！不能加他的罪，我也不能就这么放了他，得想个法子好好地治治他，挫挫他的锐气！"于是他下旨加高豫王府的院墙三尺，这样就会让大家从视觉上感觉豫王府如囚牢一般，意思就是要囚禁小小豫王终身。

虽然这只是乾隆皇帝的一时之气，可豫王府比别家王府高三尺的院墙竟然长远地传了下来。民间也因此有了"豫王府的院墙高三尺"的说法。

豫王府门前一对石狮
为什么是"卧狮"

如今,如果您去北京乃至全国都很有名气的协和医院,在路过它的南门时,就会看到旧协和医院古老的门楼及其大门两侧那一对石头卧狮。您也许觉得它们只是一对再普通不过的石狮子,是旧协和医院初建时买来放在那儿的,其实您猜错了,这对石狮子还真不普通,因为它们曾经属于大清王朝的豫亲王多铎。而旧协和医

院所在的地方就是昔日大清王朝时的豫王府，即豫亲王多铎的府邸。

据史料记载，当年的豫王府极其宏伟大方，格局讲究，占地面积大，是清朝最大的王府之一。1916年，家道没落的豫亲王后代，为了维持生存，将豫王府卖给了美国石油大王洛克菲勒。洛克菲勒在豫王府的基础上修建了协和医学院及附属医院。据说当年拆除豫王府的时候，曾经挖出大量历代豫亲王藏于地下应急用的金银财宝，协和医院也正是用这些金银财宝，购置了当时最先进的医疗设备，成为当时中国最好的大型综合医院。当然这都是后话了。如今我们谈谈它门前的那对石狮子。

大家都知道，北京的王府众多，在这些王府中，几乎个个王府前都会有石狮子，可是细心的人会发现，那些王府前的石狮子都是蹲姿，而独独旧协和医院也就是昔日的豫王府大门两侧那对石狮子是卧姿，这是为什么呢？

其实，这与豫亲王多铎英勇善战的经历有关。爱新觉罗·多铎，清太祖努尔哈赤的第十五个儿子，生母为努尔哈赤大妃阿巴亥，与阿济格、多尔衮为同母兄弟，当时人人都称他为十王。

　　清朝入关后，天下尚不稳，就在摄政王多尔衮正想南下收复明朝余地的时候，收到了来自多铎和英亲王阿济格的好消息，那就是他二人在追杀李自成的途中一路攻下了灵宝、洛阳、绥德、西安。多尔衮听到了这个好消息后，激动万分，马上请顺治皇帝封多铎为江南定国大将军。由此，多铎的英勇善战获得了哥哥多尔衮和顺治皇帝的嘉奖，得到了他们的赏识和信任。

　　接下来，多铎又屡获战功，带领军队南下攻陷江南残余的明朝之地，多铎在此过程中，将自己的智慧、勇敢发挥得淋漓尽致，在他带领的军队的猛攻下，一路上的城池望风而降。

　　多铎攻陷南方、屡获战功的消息不断传到京城，顺治帝为此高兴万分。为了嘉奖这位为大清朝浴血奋战、劳苦功高的将领，特下令允许豫王府门前的那对石狮子建为"卧狮"。寓意就是多铎为大清朝做出了重大的贡献，如今天下已定，他应该安享清福了。

　　这就是豫王府门前那对"卧狮"的来历，可以说它们承载了昔日主人多铎劳苦功高的人生经历。

怡亲王府为什么被改建为贤良寺

"贤良寺由怡亲王府改建而成。"听到或看到这句话,很多人都倍感诧异:赫赫有名的怡亲王府为何被改建为一座寺庙了呢?要想弄清这个问题,还要了解一下清康熙帝第十三子允祥的生平历史。

据史书记载,怡亲王允祥"诗文翰墨,皆工敏清新","精于骑射,发必命中,驰骤如飞",从

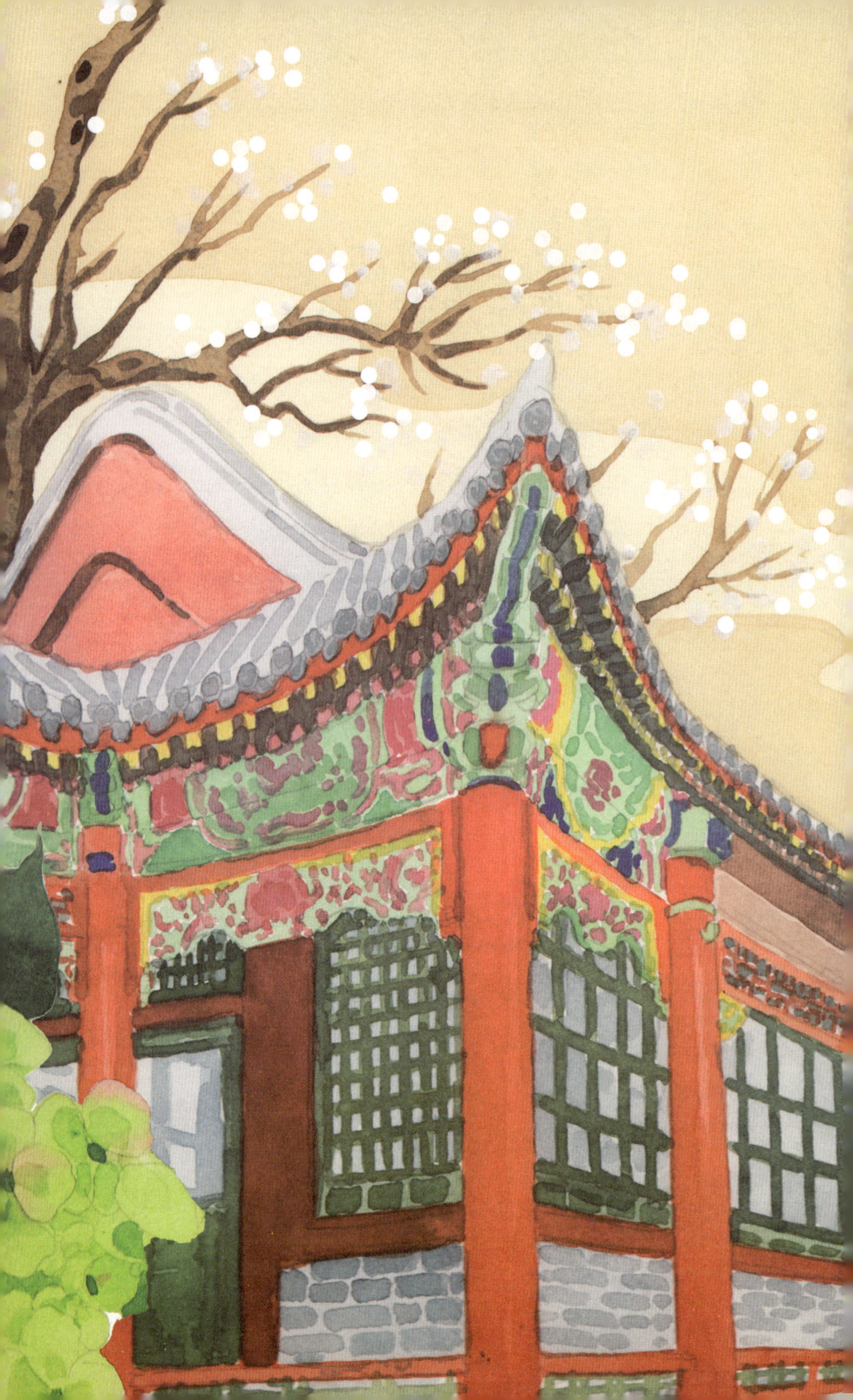

小就深受康熙皇帝的宠爱,"从上谒陵,自是有巡幸,辄从",每次康熙谒陵、巡幸都带他前往。在康熙末年的"九龙夺嫡"事件中,他始终站在四阿哥胤禛也就是后来的雍正皇帝的一边,为胤禛的最终继位立下了汗马功劳。

在众多兄弟中,胤禛对允祥的感情最深厚,在他即位后,便封他为和硕怡亲王,并重用他,命他总理户部三库,允祥自此即全力辅佐雍正皇帝治理国家。允祥自始至终都没有辜负雍正的信任和重用,他参与军国大事、处理财政事宜,日理万机,处理了许许多多繁重艰巨的政务。雍正夸他"事朕克殚忠诚",并于雍正四年(1726年)七月,亲笔挥写"忠敬诚直勤慎廉明"八个大字,命人制成匾额,赐给他,赞誉他"公而忘私,视国如家"。

在允祥死后,雍正还下旨将允祥的"允"字改回"胤"字,以示最大的褒奖。要知道，康熙众多儿子的名字中都带有一个"胤"字，后在雍正即位后，为了避讳，才都将"胤"字改为"允"字。雍正将允祥的"胤"字改回，足见雍正对允祥的感情之深厚！

其实，雍正对允祥深厚情感的表达，还不止这一项恩典。由于允祥生前曾经希望将自己的宅子改建为寺庙，所以雍正在允祥死后，打算实现他的这一夙愿，将他的怡亲王府改建为贤良寺，并另外对第二代怡亲王改赐新宅，即现在的孚郡王府。孚郡王府也被称为怡亲王新府，位于东城区朝阳门内大街137号。

贤良寺建于雍正十二年（1734年），据《乾隆京城全图》描绘，贤良寺东起今校尉胡同，西邻王府井大街，北至金鱼胡同，南起帅府园胡同。中路正门面阔五间，大殿面阔七间，左右配殿面阔七间，后殿面阔五间。

后来，贤良寺被换了位置。在乾隆二十年，被移建于冰碴胡同路北，移建后的贤良寺面积虽然有所减少，但从规模上看，依然很大。因它离皇宫没多远，所以外省官吏进京述职大多居住在这座寺庙里，如曾国藩、李鸿章、左宗棠、张之洞等晚清名臣。更令人意外的是，一代名臣李鸿章竟死在了这里。当时任职两广总督的李鸿章，在庚子事变后，便从广州被调回到北京与八国联军议和，就住在贤良寺，不久便死在了这里。

在民国时期，贤良寺开始作为旅游景点对外开放，广受众游客的欢迎。1935年出版的《北平旅行指南》还专门记载了贤良寺的美丽，它是这么描述的："庭中古柏参天，老槐荫地，清凉至甚。如夏季吾人苟置身庙中，就荫凉下，盘膝而坐，以茶一瓯，书一卷，祛斯炎氛。倦而抛书一觉，午梦初长，不知炎暑，怡然自得，则不啻又一桃源也……"后来，由于该寺庙比较宽敞，便在其配殿内设立了一所民众小学校。

中华人民共和国成立的初期，在贤良寺内还有很多僧人，后这些僧人被遣散。贤良寺被改建为一所小学。1988年，政府对贤良寺所在地区进行了大规模的拆迁改造工程，贤良寺的大部分建筑都被拆除，如今只剩下寺东边的一个小院子。

你了解老北京城墙的历史吗

环绕北京的城墙最早建立于元朝，于明朝最终定型，后来在清朝和民国时期继续使用，历经了七百余年的历史风云，见证了北京的发展和演变。

据有关史料记载，北京城墙的修建花费了众多的材料，仅用砖一项就达四千万块，更别说土、石、灰、木的数量了，简直多得难以统计。在明清时期，整个北京城的城墙共有四重，其中紫禁城的城墙位于最里面；由紫禁城城墙往外，是皇城城墙；接着往外数，便是内

城城墙及外城城墙。

在元朝时期，城墙主要是土城墙，全部是版筑的夯土墙，周长为60里，墙基宽为24米，墙高为8米。后来到了明朝时期，东、西城墙在元朝土城墙的基础上包了一层砖，结实了一些。1542年，为了防范外敌的侵扰，皇帝决定修建外城。据史料记载，在嘉靖三十二年（1553年），给事中朱伯辰上书说，城外人口激增，应添修外城；北京城郊尚遗存有金、元故城墙"周可百二十公里"，如能"增卑补薄，培缺续断，可事半而功倍"。嘉靖帝接受了修建外城的建议，自此以后，北京城有了内外城的区分，也有了内城城墙和外城城墙的区分。

"内九外七皇城四,九门八典一口钟"是什么意思

老北京人都知道,北京有句俗话儿非常流行,叫"内九外七皇城四,九门八典一口钟"。这句俗话是什么意思呢?什么叫"内九外七皇城四"?什么又叫"九门八典一口钟"?

"内九外七皇城四"其实讲的就是北京城内外进出的城门,具体指的是内城、外城和皇城的城门。

所谓"内九",指的是内城的九座城门。其中,东为东直门、朝阳门,西为西直门、阜成门,南为正阳门、宣武门、崇文门,北为德胜门、安定门。正阳门与宣武门、崇文门合称前三门。

所谓"外七",指的是外城的七处城门。正南为永定门,其东侧为左安门,西侧为右安门;东城墙有广渠门,西城墙有广宁门(也就是今天的广安门);在东城墙北端向西、西城墙北端向东与内城交接处,分别设东便门和西便门,形成了特有的"凸"字形内外城结构。

所谓"皇城四",指的是皇城内的城门。东边是东安门(也就是如今的东华门),西边是西安门,南边是天安门,北边是地安门。

那么,"九门八典一口钟"这句俗语说的又是什么意思呢?它主要讲的是明清时代北京城报时所用的工具和报时的形式。今天我们很多人把时间称为"钟点",即起源于此。其实,"钟点"是两个事物,即"钟"是"钟","点"是"典"(在某些史料典籍里,"典"被写作"点"),"钟"和"典"都是一种报时的工具。

根据上面的解释,我们知道北京城的内城共有九个城门。九个城门中,有八个城门楼子上挂的是"典",一个城门即崇文门上挂的是"钟",所以就有了"九门八典一口钟"的说法。

具体来说,"九门八典一口钟"中的"钟"和"典"是怎么个用法呢?其具体作用是什么?

第一点是提醒大家开、关城门的时间。在开、关城门的时候,以鸣典撞钟为号,提醒大家要开、关城门了,所以大家应该抓紧时间,否则就无法进(出)城了。

第二点是报时。在我国古代,很早就已经把一天

的时间划分为 12 个时辰了，但不同的是，在明清时期，不是间隔一个时辰报一次，而是一天中总共报五次。原因是什么？原来，钟典齐鸣报时，目的不是为了告诉老百姓时间，而是方便朝廷和朝廷官员上下朝。

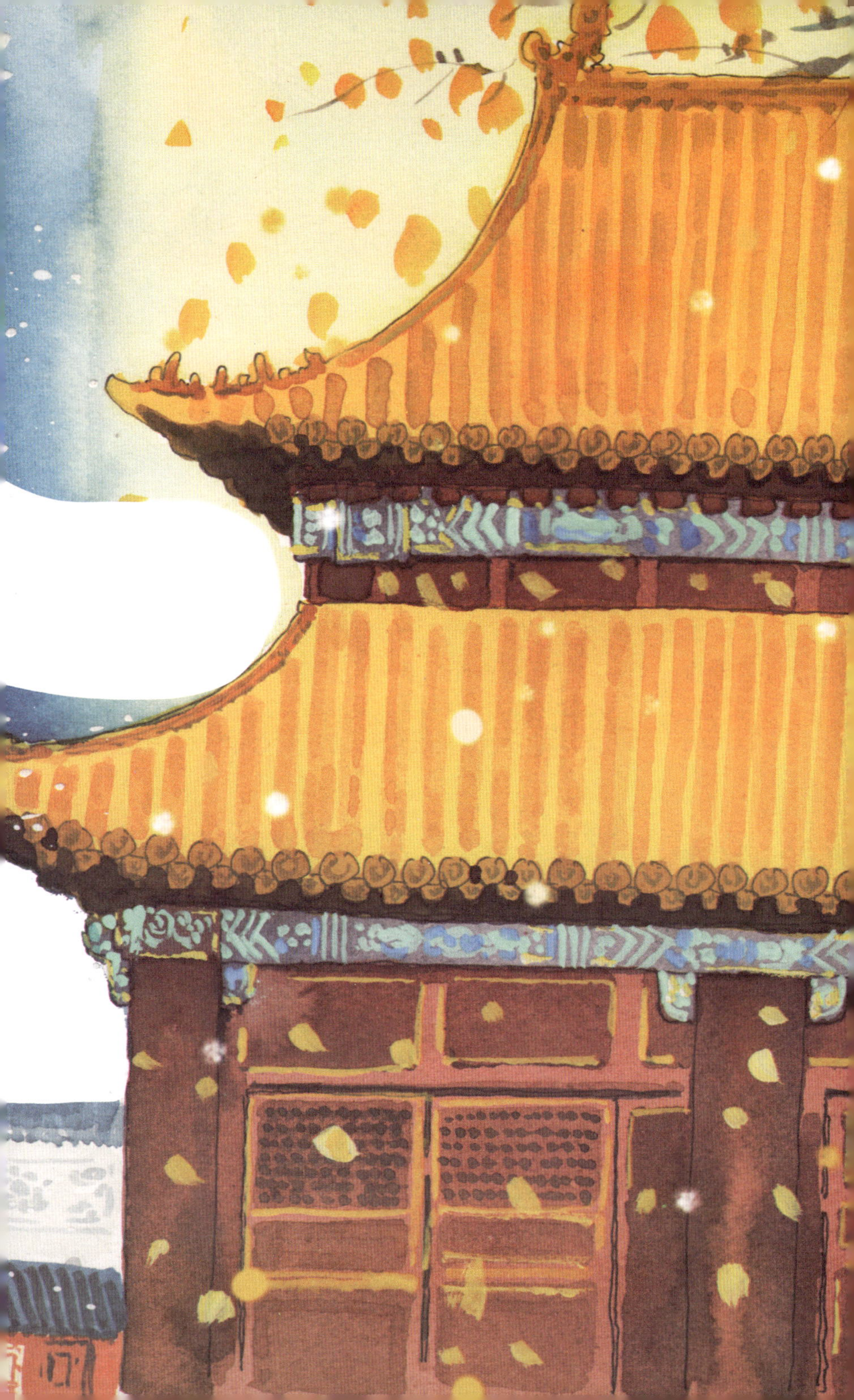

哪座城楼被称为北京的"样楼"

在北京城众多的城门中，哪一座是最先修建的呢？这个史书没有记载，我们也无法考证，但传说中，一直说东直门是北京城的第一座城门，所以又被称为"样楼"。

东直门是位于北京城内城东垣北侧的一座城门，主要包括东直门城楼、东直门箭楼、东直门闸楼和瓮城。东直门在元朝的时候被称为"崇仁门"，因为在古代的时候，东方属"仁"，所以此门位于大都城的正东方。及至明朝的永乐年间，被改名为如今的名字，取自"直东方也，春也"一句。清朝康熙三十六年（1697年），在东直门外建立了水关，管理进京货物。1915年，为了修建环城铁路而将瓮城、闸楼拆除，并在箭楼的后部两侧建了个"之"字形砖蹬道。1927年，箭楼被拆除，只剩下了箭楼的台基，后该台基在1958年被拆除。1950年，为了便利交通，在东直门城门的北侧开豁口。1969年，东直门城楼被拆除。1979年，在城门原址的东侧建立了立交桥，并建立了东直门地铁站和东直门长途汽车站。从此，这一带成为北京市重要的交通枢纽之一。

关于北京城的这座"样楼"，还有一个跟祖师爷鲁班有关的传说故事呢！

相传当年在准备修建北京城的时候，皇帝下旨说："城门楼子要盖十丈高，而且还要楼上有楼，屋檐要像飞起来一样。"

工程监管官员接到圣旨后，便召集了全城81家包工大木厂（也就是如今所说的建筑厂）负责人来商量对策。可是这些负责人之前都没有接过这样的工程，都没有经验，所以也想不出什么办法，就又请了些瓦木作老师傅们一起来商议。在大家的共同努力下，终于想出了方法，做出了设计方案图。

工程监管官员把设计方案图拿给皇帝看，皇帝很满意，下令开始修建。可是工程监管官员又开始发愁了，这么多城门，究竟应该先盖哪一座呢？

工程监管官员、包工大木厂负责人和瓦木作老师傅们又坐在一起商议起来，最终大家决定先盖东面靠北的那座城门楼。他们觉得，与其他城门相比，这座城门

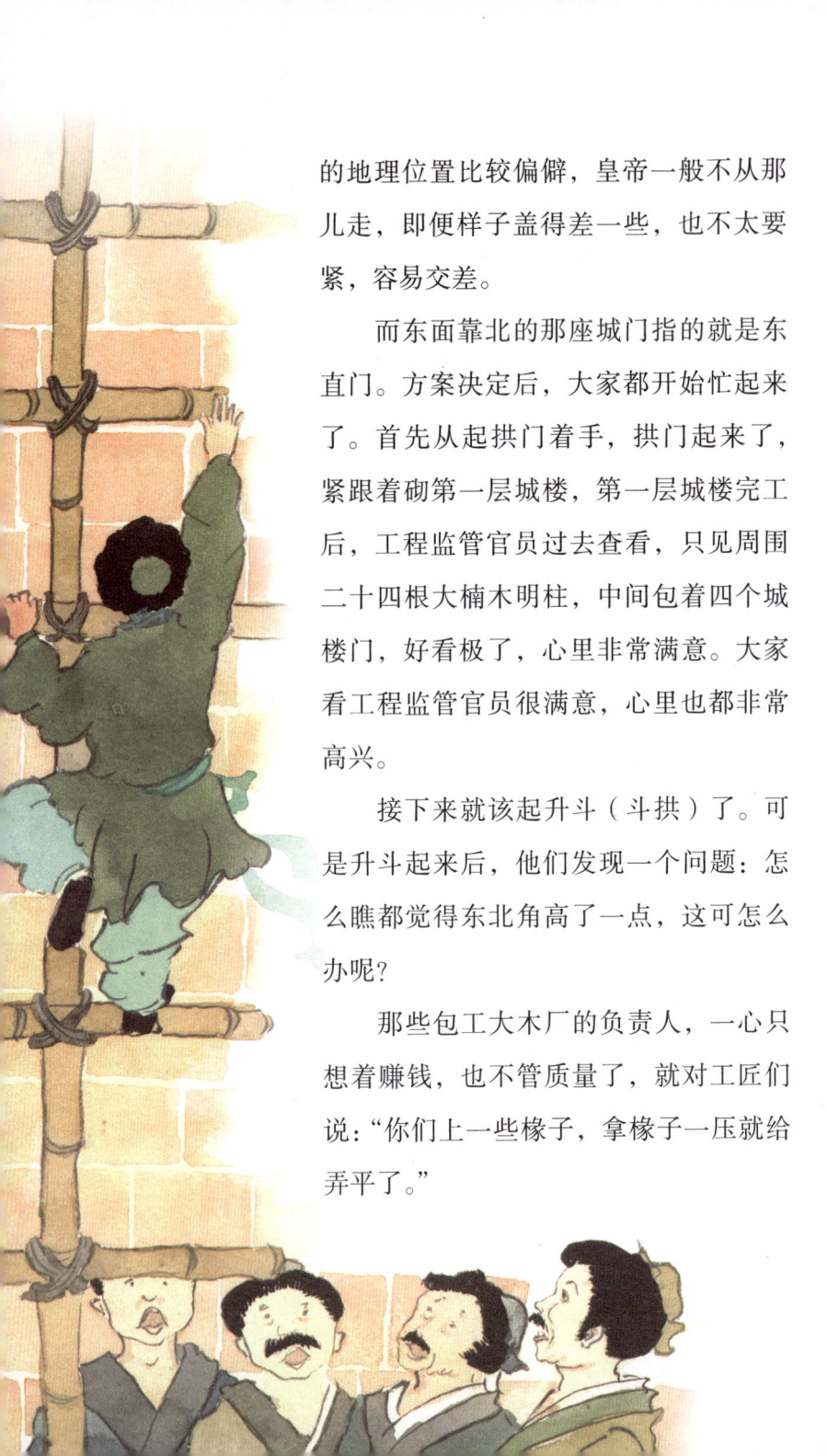

的地理位置比较偏僻，皇帝一般不从那儿走，即便样子盖得差一些，也不太要紧，容易交差。

而东面靠北的那座城门指的就是东直门。方案决定后，大家都开始忙起来了。首先从起拱门着手，拱门起来了，紧跟着砌第一层城楼，第一层城楼完工后，工程监管官员过去查看，只见周围二十四根大楠木明柱，中间包着四个城楼门，好看极了，心里非常满意。大家看工程监管官员很满意，心里也都非常高兴。

接下来就该起升斗（斗拱）了。可是升斗起来后，他们发现一个问题：怎么瞧都觉得东北角高了一点，这可怎么办呢？

那些包工大木厂的负责人，一心只想着赚钱，也不管质量了，就对工匠们说："你们上一些椽子，拿椽子一压就给弄平了。"

工匠们听了负责人的话，心里非常疑惑，觉得这样行不通。可是要撤升斗的尺寸吧，做升斗的时候，又是按照规矩做的，一分一厘也不差，所以，也没法撤升斗的尺寸。想了半天也没有想出更好的办法来，只得下了下狠心，那就上椽子吧！

可是等他们上了椽子，再一看，更郁闷了，因为东北角没有低下去，反而变得更高了。这下把工匠们都给急坏了，东北角这么高，可怎么苫背上瓦呀！

大家急得唉声叹气，就在这时候，他们看到有一个小工围着东北角来回转悠。工匠们本来心里就又急躁又烦恼，看那小工来回转悠，心里更烦躁了，于是就呵斥那小工："大伙儿都搁着急得跳墙，你还在优哉游哉地瞎转悠，去去去！别让大伙儿看着烦！"

这个小工听了斥责声，也没有说什么，一转身直奔了脚手架，噌噌地就上了脚手架。大家看他那架势，都愣住了。只见这个小工爬到了脚手架顶头上，仿佛忽然一失脚似的，就从脚手架上掉下来了。围在下面看的人，不由得大叫一声："哎哟，糟了！"再一看，这个小工并没有摔下来，而是一只脚踏在东北角的椽子上，跟着一转身，抓着脚手架就下来了。负责人正要开始骂这个小工胡作非为,还没等他开口,那小工就一溜烟跑开,消失不见了。

大伙儿虚惊了一场,都围在那儿议论这小工:他为啥急着爬那脚手架?怎么掉下来都没有摔着?怎么一句话都不说就走了……议论了半天,都没议论出来啥。就在这时候,一位老工匠突然大喊了起来:"大伙儿赶紧过来看看,那东北角怎么不高了?"

大伙儿赶紧都过来瞧,可不是嘛!东北角和其他的角都一样高了!上面还留了一个脚印哩!

这下大伙儿真是又笑又跳,高兴极了。再找那个小工,却怎么都找不着了。一个工匠说:"这个小伙子一定是鲁班爷变的,来帮我们修城门楼子来了!"大伙儿听了,干活干得更加起劲了。

很快,城楼就盖起来了,可是,低下去的那个脚印,却始终都没有给垫起来。大伙儿都说:"甭给垫高了,就权当是鲁班爷给咱们留下的一个纪念吧!"

从此,大伙儿一提起东直门这个"样楼",都不由自主地提起鲁班爷给予他们的帮助。渐渐地,这个故事便在老百姓中流传了下来。

老北京的城门有哪些

整个北京城的城门主要由四个部分组成,即宫城城门、皇城城门、内城城门和外城城门。

1. 宫城城门

宫城又称紫禁城,周长6里,城墙高7.9米,内外砖砌,外围护城河,四隅角楼,巍然高耸。清依旧制,在四周各开了一门,南为午门,北为神武门,东为东华门,西为西华门。

午门:午门是紫禁城的正门,位于紫禁城南北轴线。此门居中向阳,位当子午,所以被称为午门。午门始建于明朝永乐十八年(1420年),清朝顺治四年(1647年)重修,清朝嘉庆六年(1801年)再修。

神武门:神武门是紫禁城的北门,建于明永乐十八年(1420年),在明朝的时候被称为玄武门。所谓玄武,是古代四神兽之一,包括左青龙、右白虎、前朱雀、后玄武。玄武主北方,所以帝王宫殿的北宫门多取名"玄武"。清康熙年间重修时,因避康熙帝玄烨名讳改称神武门。

东华门：东华门是紫禁城东门，始建于明永乐十八年（1420年）。

西华门：西华门是紫禁城西门，始建于明永乐十八年（1420年）。清朝末期，八国联军攻打京城，慈禧太后、光绪皇帝一行即由西华门离宫，仓皇西逃。

2. 皇城城门

皇城是保护紫禁城（宫城）的外围城墙，始建于明永乐十五年（1417年），包围紫禁城、西苑（三海）、镇山、祖庙、社稷坛。周长约18里，7座城门。南面开大明门（清改大清门、民国改中华门、1976年修建毛主席纪念堂）、承天门（清改天安门）、长安左门（龙门）、长安右门（虎门）；北面开北安门（清改地安门）；东面开东安门；西面开西安门。目前主要为天安门、地安门、东安门、西安门。

天安门：天安门始建于明永乐十五年（1417年），最初名叫"承天门"，寓意"承天启运""受命于天"，是紫禁城的正门。当年的承天门非常普通，只是一座三层楼式的木牌楼。此楼于1451年毁于大火，1465年重建，明末时又毁于兵火，直到清顺治八年（1651年）重修，才大体成为今天的样式，并改名为"天安门"。

地安门：地安门是北京中轴线上的重要标志性建筑之一，是皇城的北门。和天安门南北互相对应，寓意天地平安，风调雨顺。

东安门：清朝北京皇城的东门，位于今南、北河沿大街东侧，与东华门大街交汇处。门内（西）为跨玉河之石拱桥，因官员们上朝陛见，皆由东安门进宫，所以俗称此桥为望恩桥或皇恩桥。

西安门：位于西城区中部，建于明永乐十五年，没有城台，民国时拆除两侧城墙。1950年毁于火，有楠木模型尚存。原城门周围有北京水准原点旧址、西什库教堂、礼王府等文物古迹。

3. 内城城门

明嘉靖以前，北京还没有"内城"的说法，嘉靖年间修建了外城，于是出现内城、外城之别。内城是明初在元大都城垣基础上改建和扩建的，城周长40里，开九座城门。分别是东边儿的东直门、朝阳门；西边儿的西直门和阜成门；北边儿的德胜门、安定门；南边儿的崇文门、正阳门（前门）和宣武门。

正阳门：正阳门位于北京内城南垣正中，为北京内城正门。元代、明初被称为"丽正门",后于正统元年(1436年)改名为"正阳门"。城楼面阔七间,进深三间,一层周匝出廊,二层挑出钩栏平座,三滴水重檐歇山顶,布灰瓦绿色琉璃剪边。城楼与城台通高40.96米,气势恢宏。

崇文门:原是元大都的十一个城门之一,当时被称为文明门,是南城三个门最东的一个。明朝改建北京城,将十一门改为九门;文明门的位置虽然未动,但改名为崇文门。清朝沿用此名,直到今天。

宣武门:宣武门位于西城区南部。明、清时京师内城九门之一,后演化为地片名,泛指宣武门东、西大街,宣武门内、外大街附近。建于明代,初称顺承门,

正统四年改称宣武。

阜成门：位于西城区中部。元代为大都城平则门所在地，明、清为京师内城九门之一。后来演化为地片名，泛指阜成门附近，即阜成门南、北大街，阜成门内外大街一带。

德胜门：始建于明正统二年（1437年），明清北京城内城九门之一，是由城楼、箭楼、闸楼和瓮城等组成的群体军事防御建筑。元为健德门，为出兵征战之门。

安定门：元称安贞门。此门为出兵征战得胜而归收兵之门，京都九门中有八门瓮城内建关帝庙，唯安定门内建真武庙，在诸门中独具一格。

朝阳门：元称齐化门，是漕粮出入的城门，京城百姓的口粮基本均来源于此。现在的老人们仍有叫它齐化门的，有时也被讹称"奇货门"。

东直门：是位于北京城内城东垣北侧的一座城门，主要包括东直门城楼、东直门箭楼、东直门闸楼和瓮城。后演化为地名儿。

西直门：是北京内城的九大古城门之一，自元朝开始就是京畿的重要通行关口，还是明清两代自玉泉山向皇宫送水的水车必经之门，因此有"水门"之称。

4. 外城城门

北京的外城也叫南城。椐《明世宗实录》记载，北京城南"居民繁夥，无虑数十万户。又四方万国商旅货贿所集"。"庚戌之变"之后，为加强北京城防，明朝嘉靖皇帝下令修建。嘉靖三十二年（1553年）十月辛丑，南城的修筑完成，皇帝亲自给新修的几座城门正式命名："上命正阳门外门名永定，崇文门外门名左安，宣武门外门名右安，大通桥门名广渠，彰义街门名广宁。"至清道光年间，为规避道光皇帝的御讳，广宁改"广安"并沿用至今。

永定门：是老北京外城七座城门中最大的一座，也是从南部出入京城的通衢要道，始建于明嘉靖时期，共跨越了明、清两代。于1957年被拆除，现存城楼为2004年重建。

广渠门：是北京外城城墙东侧的唯一一座城门，曾称大通桥门，又称沙窝门，是老北京城门中比较简朴的一个，建于明朝嘉靖三十二年。广渠门城楼现在已经不复存在。

广安门：为外城唯一向西开的门，与广渠门相对。明代称广宁门，又名彰义门，清朝道光年间为避清宣宗旻宁之讳改为现名。因是各省陆路进京的必经之路，所以广安门内的彰仪门大街（即今天的广安门内大街）在清朝时非常繁华，素有"一进彰仪门，银子碰倒人"的说法。

右安门：又名"南西门"，原是北京外城的七门之一，明朝嘉靖四十一年（1562年）建成，现在已经不复存在。右安门位于西城、丰台两区交界处，现在的右安门立交桥位于南二环中部，是北京城南地区的一个重要交通枢纽。

左安门：是北京外城南侧三个城门之一，位于永定门东面，建于明嘉靖三十二年（1553年），即北京外城建成的时间。清光绪以前，左安门一带非常繁华，店铺也较多，但慢慢萧条下来，到新中国成立前夕，已变成北京最冷落的城门之一。

东便门：东便门是北京外城东南端的一座小城门，位于北京城墙东南端角楼旁边，主要由城楼和箭楼组成。

西便门：是北京外城西南角城门，位于北京城墙西南端角楼旁边，主要由城楼、箭楼、瓮城组成。后演化为地片名，泛指西便门外大街交汇处及西便门东街与广安门北滨河路附近。

哪个门是北京城的"后门"

在古时候的许多宅院中，为了方便行走，会设置一个后门。

其实不仅私人宅院中有前后门之说，北京城也有一个后门，这个后门是指哪一个门呢？它就是地安门。地安门，在明朝的时候被称为北安门，老百姓们都俗称它为厚载门，有时候也被称为后门。始建于明永乐十八年（1420年），在弘治十六年（1503年）和隆庆五年（1571年）重修，清顺治九年（1652年）重建，并被改名为地安门。

在历史上，地安门差一点被烧毁，关于此事，有清史记载。《大清高宗皇帝实录》载：乾隆四十七年（1782年）四月十四日谕，"地安门外被火房屋，相距地安门甚近，该步营兵丁尚能保护地安门外，甚属勇往。著施恩所有保护地安门人等，每人给银二两，以示鼓励"。这项记载表明，地安门在历史上曾险些被火焚，幸被救护而未殃及，也表明了乾隆帝非常重视对地安门

的保护。

　　地安门位于皇城北垣正中，南对景山，北对鼓楼，为砖结构之宫门式建筑，面阔七间，中明间及两次间为通道，明间宽7米，两次间各宽5.4米，四梢间各宽4.8米，总面阔38米，通高11.8米，进深12.5米，正中设朱红大门三门，左右各两梢间为值房，是北京城的北门，也是北京中轴线上的重要标志性建筑之一，与它对应的门是南门，也即大名鼎鼎的天安门。如此南北互相对应，寓意天地平安、风调雨顺。

在历史上，地安门发挥的作用非常大，由于是皇城的北门，所以凡是皇帝北上出征巡视时，大都要从此门出去，皇帝亲祭地坛诸神时，也要经此门而出。而且早些年，地安门内还设置了很多为皇宫服务的衙门，如尚衣监、司设监、司礼监、酒醋局、织染局、针工局、巾帽局、火药局、司苑局、钟鼓司、供用库、蜡库、帘子库、兵器库、皮房、纸房、安乐堂，等等。

关于地安门，有两件事非常有名，一是慈禧太后在八国联军攻入北京城时的仓皇出逃。光绪二十六年（1900年），八国联军攻入北京城，清军虽然在地安门顽强地抵抗八国联军，但最终失败，情急之下，慈禧太后带了光绪帝仓皇出逃西安，走的便是地安门；二是清朝末代皇帝溥仪的出宫。1924年，冯玉祥将军驱逐溥仪出宫，溥仪就是从地安门灰头土脸地回到他的出生地摄政王府的。

后来，为了疏导交通，分别在1913年和1923年将地安门东西两侧城墙予以拆除。并在1954年将整个地安门拆除，开辟为路面。后来，地安门逐渐演化为地片名，泛指地安门东、西大街，地安门内、外大街相交的十字路口附近。

老北京城五大"镇物"都是什么

镇物,说白了就是镇宅之物,如钟馗像、天师像、七星宝剑等,除此之外,用神像、佛经、神符等供奉于家中,也能抵制邪怪侵犯,以取"以正压邪"之意。

在古老的封建时代,人们十分重视"镇物"的使用,常见的镇物有"泰山石敢当""厌胜塔""八卦牌""石狮子""兽面牌""桃符""镇符"等,主要用来保护城市平安。但在众多的镇物中,最有名的莫过于老北京城的五大"镇物"。

老北京城的五大"镇物",出现于明清时期。当时,以道家金木水火土五行相克的理论,在北京城的东南西北中五个方位各设立了一个镇物,用以避邪除害,确保京城万寿无疆,皇权千秋永固。

1. 东方的镇物是金丝楠木

东方属木,镇物是广渠门外神木厂的金丝楠木。关于这金丝楠木,有很多比较"邪气"的说法,其中一个说法就是，别看如今那金丝楠木早已经腐烂了，但"精气神儿却一点都没散"。北京城别的地儿老着火，就这个神木厂，从来没有发生过火灾，就是因为神木跟通惠河一块儿，把火给镇住了。

过去的神木厂，如今已经成为大北窑，北京有名的CBD商务区，很多大企业都驻扎在那里，经济态势非常好。难怪有人说："昔日神木厂，今日黄木庄；昔日休闲地，今日商务区。"看来这镇东之地，确实不是个平凡的地方。

2. 西方的镇物是大钟寺永乐大钟

西方属金，镇物是大钟寺的大钟。大钟寺原本叫觉生寺，清朝雍正十一年（1733年）建，是皇帝祈雨的佛寺。乾隆八年（1743年），从万寿寺移永乐大钟至觉生寺，至此，觉生寺更名为大钟寺。

永乐大钟，高6.75米，重46.5吨，有世界钟王之称。很多人可能会有疑问，如此重量的大钟，当时没有吊车，是怎样移动到觉生寺的？据说，为了搬动该种，可是费了一番周折。先是在一路打井若干孔，在冬天的时候泼水结冰，钟下垫圆木滚到觉生寺。然后先将钟滚到一个事先堆好的土堆上，再盖房子，立柱搭架，最后将钟下的土一点点地清除掉。这样，46.5吨重的永乐大钟就悬挂成功了。

3. 南方的镇物是永定门的燕墩

南方属火,镇物是燕墩。燕墩,又被叫作烟墩,位于今天永定门外大街的路西。史料记载,燕墩始建于元朝,原本只有土台,明嘉靖三十二年(1553年)以砖包砌。清乾隆十八年立石碑,其上有乾隆亲笔,满汉文对照的御制《皇都篇》碑文,是北京最著名的碑文之一。

4. 北方的镇物是颐和园的铜牛

北方属水,镇物是铜牛。铜牛位于颐和园内,卧伏在一座雕花石座上,神态生动,形似真牛,原材料为铜,因此得名为铜牛。铜牛建造于清朝乾隆二十年(1755年),据传是为镇压水患而建。如今牛背上还铸有八十字的篆体铭文《金牛铭》,所以铜牛又被称为"金牛"。

5. 中央的镇物是景山

中央属土,镇物是景山,也就是今天北京的著名旅游景点——景山公园。景山原是明成祖修建北京城时堆煤的地方,所以有老北京人管它叫煤山。中央属土,需聚土而镇,以压制元朝王气。景山东坡下面有一棵古槐,那是明朝崇祯皇帝自缢的地方。景山算是北京城内最大的人工假山了,如今的她巍然矗立于京城中央,位居京城中轴线之上,是皇城故宫北边的一道重要屏障。